談

黒異譚

黒 史郎

竹書房

怪談

文庫

まえがき

見つける意味

実話怪談は基本、筆者や語り手が人から聞いた話になります。

体験者本人、あるいは体験者の関係者からいただく怪談は、そこに「体験」があるからこそ、実話ならではの怖さがあります。生身の人間が体験したからこその、五感で記憶された生々しい感覚――それを私たち送り手が詳細にお聞きし、メモをし、その貴重な怪異体験の痕《あと》が新鮮なうちに読者・聞き手の皆様にお届けしたもの――それが「実話怪談」なのです。

当然ながら、このような「体験」をされているのは現代の人だけではありません。五十年前、百年前、もっと昔の記録の中にも「実際に不思議な体験をした」という話は数え切れぬほどあります。

そういった話も「記録のされ方」「記録の目的」などによっては、「実話」である意味が重要視されず、ただ「怪しい話」の括《くく》りで紹介されてしまいます。ゆえに「実話」であったかどうかを辿《たど》ることが難しくなってしまった話も数多くあるのです。

つまり、それが体験者のある実話なのか、炉端で語られた創作なのか、土地や人の都合により生みだされた伝説・迷信の類なのかも判断することが難しくなるのです。

確かに「キツネに化かされた話」「河童に足を引っ張られた話」「天狗にさらわれた話」といった見出しがつくと、「キツネが化かすなんて迷信」「妖怪は人々に作られたもの」――よって「この話は実話ではない」という印象《こと》になってしまうものです。

ところがよく読むと、実際に体験した人がいるからこそ書けたであろう描写が見つかります。体験者の存在をありありと感じ、生々しく五感を刺激される場面があります。そうでなくとも、奇妙なリアリティがにおい、不思議な説得力を帯びた話――おそらく「実話」であろう話――はひじょうにたくさんあるのです。

これらの怪談は多くの人に、とくに怪談が好きな人々に読まれるべきものです。

しかしながら、そういった話の多くは一度記録されたきり、古書となった資料群のなかに埋もれてしまい、特別な理由と切っ掛けがなければ再び人々の目に留まることはありません。

そこで本書から始まる新シリーズでは、これまで同様、著者が採集した現代の怪談に加え、先人の残した貴重な記録――各地の市町村の民俗調査資料や地域雑誌、伝説集などからあまり知られていない怪談を発掘し、そこから「読まれるべき怪談」数十話を選んでご紹介していきます。

　これらの怪談が再び人々の記憶に刻まれることで、遠く色褪《あ》せつつあった誰かの体験が当時の色と輪郭を取り戻し、鮮やかな怪異体験として皆様の頭の中で再現されることを願っています。

目次

実話怪談

黒異譚《くろいはなし》

救助者

ご自身は不思議な体験が一度もないという修三《しゅうぞう》さんだが、二十代の頃に見たという「一枚の写真」だけは、今でもなんだったのかと考えることがあるという。

それは祖父のアルバムにあった山で撮られた一枚で、祖父と一緒に若い男性が笑顔で写っていた。男性は顔色が異様に白く、髭《ひげ》の剃り跡が青く目立ち、できたばかりのような生々しい痣《あざ》や擦《す》り傷が顔中にあった。

この写真を見た瞬間、男性の怪我ももちろん気になったが、それとは別に奇妙な感覚に陥《おちい》った。だが、なにがそう感じさせるのかもわからない。

祖父に尋ねると、これは趣味の登山へ行った時の写真であるという。

この日、友人と三人で山を登っていた祖父は、不注意により崖で足を踏みはずした。反射的に岩をつかみ、宙ぶらりんの状態で耐えた。が、つかんでいた岩が引っこ抜けて、祖父は崖壁や木にぶつかりながら八メートル下に叩きつけられた。

奇跡中の奇跡で致命傷こそなかったものの、あちこちにぶつけて全身は傷だらけで出血のひどい箇所も複数あり、両足は骨折していて立てなかった。重傷である。

友人二人は慌てて崖下まで下りてきてくれたが、ここまでの傷を負っているとは思わなかったのかパニックになった。それをどうにか落ち着かせたのは祖父で、友人二人は救助を呼びに行くといって祖父を置いていってしまったという。

どこまで行ったのか、二人はなかなか戻ってこず、不安はどんどんつのっていく。人がいなくて遠くまで探しにいっているのか、登山中にあった山小屋まで下りていったのか、まさか道に迷っているのか、あるいは二人の身にも何かが――不吉なことばかりを考えてしまう。

転落時に失くしたのか腕時計も持っておらず、二人が行ってからどれくらい時間が経過しているのかもわからない。

ひじょうに心細い思いで救助が来るのを待っていると、草を分けて砂利を踏む音が近づいてくる。ようやく戻って来たかと見ると友人らではなく、大きなリュックを背負った男性がこちらに向かってやってくる。

祖父が「おーい」と両腕を振ると、その男性は「わかってる」というように手を振り返してきた。

やってきたのは高齢の男性で、カーキ色の大きなリュックを下ろすと、そこから絆創膏や軟膏《なんこう》などをとりだし、慣れた手つきで怪我の応急処置をしてくれた。その後は救助が来るまでのあいだ一緒にいてくれたのだという。

しばらくして友人二人が数人の登山者を連れて戻ってきた。

そこまで見届けると高齢男性は立ち去ろうとしたので、慌てて呼び止めて一緒に写真を撮ってもらった。

これは、その時の写真であるという。


祖父の話を聞いている途中から修三さんは混乱していた。

今の話だと、この写真の怪我をしている若い男性のほうが祖父ということになる。そういわれれば、若い男性に祖父の面影が見てとれる。今の祖父を二十代にしたような――。

だが、その隣には大きなリュックを背負った祖父が写っている。

この写真を見た時の奇妙な感覚の正体がわかった。

この写真には年代の違う二人の祖父が写っているのである。

うさぎのあな

大塚さんは昔、会津《あいづ》出身の祖父・善二《ぜんじ》さんからこんな話を聞いた。

善二さんの父親は役所勤めであったが、他にもいくつか仕事を持っていた。その仕事のひとつか趣味かはわからないが、積雪期になるとよく山で野ウサギを捕ってきた。

ウサギは木の根元のあいだの穴に棲んでいる。雪が浅くなって巣穴が顔を出し始める春先が捕まえやすい。捕りかたは難しくはないがコツがあって、木の枝を投げて身をすくませたところを一気につかむか、奥に潜り込もうと尻を見せた瞬間を狙って穴に手を突っ込んで後ろ脚をつかむのが俺流のやりかただ――。

普段は寡黙でこわい父親なのだが、酒がまわってくると楽しそうに狩りの話をする。捕り方だけでなく、巣穴の見つけ方、ウサギの習性・行動についても話してくれた。同じ話を繰り返し聞かされているので、善二さんはすっかり覚えてしまったという。

ただ、狩るまでの話はたくさん聞いたのだが、狩った後のウサギをどうしているのかについては一度も聞いたことがなかった。

狩った獲物はちゃんと持ち帰るのだが、それが食卓に並んだことはないし、毛皮を売りにいっている様子もない。山から帰って収穫を家族に見せた後、父親はどこかへ行って、戻ってきた時にはもうウサギは持っていない。

近所にでも配っているのかと母親に訊いたことがあるが、なぜかこの話をするのをたいへん嫌がる。「そんなことはおまえが気にすることじゃない。お父さんにわざわざくだらないことを訊くんじゃないよ」と太い釘を刺されたので、母親に訊いたのはその一度きりであった。


ある日、父親が珍しく収穫ゼロで山から帰ってきたことがあった。

父親はひどく不機嫌で母親が話しかけても口を真一文字に結んでいる。機嫌が悪いこと自体は時々あるのだが、どうもいつもと様子が違う。普段はムスッとして座っているのだが、この時は落ち着きがなく立ったり座ったりを繰り返していた。

よほどのことが山であったようだ。

しかし、酒が入るとだいぶ落ち着いてきたようで、山であったことを少しずつ家族に話し始めた。

「俺はだまされたんだ」

数日前に山で見つけて目印をつけておいた巣穴があった。穴の周囲に食痕《しょくこん》や糞や足跡——いわゆるフィールドサインと呼ばれる生き物の痕跡が見られたので、ウサギが出入りしていることは間違いなかった。

見つけた時は中に何もいなかったが、今日は穴の前の雪のうえに、ついたばかりとおぼしい足跡があった。今日こそはと穴のそばに屈んで中の様子をうかがってみるが、いる気配がない。

ひと足遅かったか——一瞬あきらめかけたその時、巣穴の奥に白いものが見えた気がした。

立ち上がりかけた姿勢を戻し、じっと穴を見つめていると、奥の闇にぼんやり、目もとの黒い小さな白い顔が見える。

穴に棲むウサギは春先に目の縁から色が変わっていく。なかにいるという確信を得た父親は、つかみ出そうと手を構えた。

穴の奥の白い顔が、ぐにゃりと笑った。

しゃれこうべのような顔だった。

——あれはなにか別のものだった。あのまま穴に手を突っ込んでいたら、俺は腕をもっていかれただろう。

そう話す父親の怯えた表情を今でも覚えている——善二さんはそのように大塚さんに語ったのだという。

かわり

はじまりは、朝の通勤につかう電車で視線を感じたことだった。

少し離れた乗客たちのなかに首ひとつ分、他より背の高い男がいて、リルさんのことをじっと見つめてくる。

気のせいだと思いたかったが、翌日以降も男はいて、同じ距離から視線を送ってきた。

気味が悪かったが、とくになにをされたというわけではないので、どうもできない。

ただぼうっと見ている先にたまたま自分がいたというだけかもしれない。

だがある日、その男は帰りの電車にもいた。

やはり、少し離れたところから、いつものように彼女を見つめてくる。

さすがに危機感を覚え、途中で降りるふりをして何個か後ろの車両に乗り換えた。

元いた車両のほうをちらちらとうかがっていたが、ふいに嫌な予感がし、自分のいる車両内を目だけで回視《かいし》すると――いた。

いつもと同じくらいの距離から自分を見つめている。

もう、確定だった。

男の視線の照準は自分に合わせられている。今日、なにかをしてくる気だ。

当時、上京してまだ間もなく、こういうことを相談できる人はリルさんの身近にはいなかった。しかも一人暮らしである。このまま家までついてこられて住所でも知られようものなら終わりだと戦慄し、途中の駅で降りた。

男も当然のようにその駅で降りてきたので、改札を出ると近くのスーパーに飛び込んだ。

男も入ってきたのを確認し、空のカゴを持って出入り口付近でスマホをいじりながら時間を潰していたが、男はまったく立ち去る様子もなく、あいかわらずリルさんを離れたところからじっと見ている。やがて閉店が近いことを知らせる音楽が店内に流れだしたため、リルさんは仕方なくスーパーを出て近くのコンビニへと移動した。

雑誌コーナーでガラス越しに外をうかがっていたが男は来ない。ようやくあきらめたかと外に出ると向こうから歩いてくる姿が見えたので、駅前まで戻って交番に駆け込んだ。

警官に周辺を見に行ってもらったが、すでに男はいなくなっていたという。

翌日、勤め先に事情を話し、急きょシフトを夜に変えてもらった。

生活のサイクルは大きく変わってしまったが、出社・退社の時間が五時間ずれたことで、電車内で不気味な視線を感じることはなくなった。

ようやくリルさんに平穏な日々が戻ってきたのだが――。

それも長くは続かなかった。

勤務時間を変えてから二週間も経たない帰りの電車に、例の男が現れたのである。

そのことに気づいた瞬間、リルさんは気を失いそうになったという。

以前とまったく同じ距離から不気味な視線を送り続けてくる男は、どうやって自分がこの時間帯の電車に乗ることを知ったのか。出会わなかった二週間足らず、このあいだに様々な時間帯の車両に乗って執念で探したというのか。

――今夜、この男に自分はころされるのかもしれない。

過呼吸になって一気にパニック状態となり、リルさんは途中の駅で降りると駆けだした。改札を出ると商店街があったが、時間が時間なのでほとんどの店は閉まっている。駅のほうから男が来るのが見えたので商店街の明かりのついているところを目指して走ると、閉店作業中のファストフード店であった。そこへ逃げ込もうとしたが自動ドアが開かず、バンバンと叩いて「たすけてください」と中の従業員たちに保護を訴える。

状況を察した男性店員が中に入れてくれて、リルさんから事情を聴くと外へ様子を見に行った。戻ってきた店員は不審な男の姿は見なかったというが、隠れて待ち伏せている可能性もある。今日はもう家には帰れないと判断し、実家に連絡して車で迎えに来てもらうことになった。

一時間ほどで父親が迎えに来た。

実家方面へ向かう車中、これまでのストーカー被害を報告していたリルさんは、焦げ臭さに気づいて言葉を切った。

後部座席で父親の肩掛けのバッグから火が出ている。

「おとうさん、燃えてる！　燃えてる！」

路肩に車を停めた父親は、ブランケットをつかみ取ってバッグを覆《おお》うようにかけた。

火はすぐに消え、リルさんは胸を撫で下ろす。

「なにが燃えたの？」

バッグのなかの状況を確認する父親の表情が見る見る曇っていく。大事な書類でも焼けたのかと訊くと、父親は焦げて破れたお守りを見せてきた。実家の近くにある神社のもので、信心深い父親が毎年購入している《身代わりお守り》である。

バッグのなかに火の出るものはなく、他に手帳や封筒など燃えやすいものが入っていたにもかかわらず、焼けたのはこのお守りとバッグの表面だけであった。

「おまえこれ……そうとう危なかったってことだぞ」

もう実家に帰ってきてはどうかと訊かれ、リルさんは素直に頷いた。

くしゃ視

「突拍子《とっぴょうし》もない話すぎて、きっと信じてもらえないと思いますけど」

ムサシさんの母親は、くしゃみひとつで親族が、どこでなにをしているかがわかる。

くしゃみには、大きな声が出る煩《うるさ》いタイプと、小さくかわいらしいタイプがあるが、ムサシさんの母親は前者のタイプである。

だが、ごくたまに後者のタイプが出ることもあって、そんな時は決まって、この不思議な能力が発揮されるのだという。

たとえば、「くしゅん」と小さなくしゃみが出ると、「これから○○姉さんが来る」といって出迎えの準備をしだす。するとまもなく姉から「今近くに来てるんだけど」と連絡が入る。

ムサシさんの妹の帰りが遅く、電話にも出ないのでなにかがあったのではと心配していると、「くしゅん」と出て、「カラオケにいるよ」と告げる。その後、本人から「ごめん、気づかなかった」と連絡がある——といった具合である。

はじめは、オカルトを信じる人のことだからと、家族の誰も母親を信じなかった。

そうなのだ。ムサシさんの母親は神秘系の本を愛読し、普段から「そういう力は在る」と豪語して憚《はばか》らない人だった。この件も、偶然に当てただけのことを、如何《いか》にも神秘の力で言い当てたかのように見せているると疑ったのである。

だが、同じようなことが五度六度と続き、しかも具体的な内容までをも言い当てるようになると、さすがに信じざるを得なくなる。

母親が言うには、くしゃみをするとパッと目の前が白くなるか光るかして、名前や顔、なにかをしている光景などが瞬間的によぎるのだという。そういうものを視《み》る時は必ず兆候があるのだが、これは自分にしかわからない感覚なので説明はできないのだそうだ。

「特殊な力っていったら漫画の設定みたいに聞こえますけど、ぼくら家族や一部の親戚も母がこの変な力を使っていろいろ言い当てるのを目の前で見ているんです。これを言うと一気に胡散《うさん》くさくなるんですが、母はオカルト本の愛読者というだけでなく完全にスピリチュアルな人でもあって、パワーストーンとか数珠《じゅず》とか中国のお札とかをどこかから買ってきては持ち歩いたり人にあげたり、家のあちこちに置いたりしてるんです。

数撃ちゃ当たるじゃないですけど、そういうふうに集めたなかのひとつに本物の力が宿っていて、そういう変な力を母に与えたのかなって――これも漫画っぽい発想ですけどね」

力は本物だと認められたが、母親が視て伝えてくることは「これから誰が来る」「どこに誰がいる」といった、必要な時でなければ特に知らなくてもいい、とるに足らない情報である。次第に家族の関心は薄らぎ、「へぇ、そう」といった反応になっていった。だがそれも、数年前の大みそかの夜から変わったのだという。


家族で年越しそばをすすっていると、母親がそっと箸《はし》をおいた。

「は……は……くしゅん」

直後、「あっ、足が」と大声を発した。

みんなでその続きを待っているが、母親は押し黙ったままである。

しびれを切らした家族が「足がどうした」「なにか視えた?」と訊くと、母親はしばし言い淀《よど》んでから重たい口を開いた。

今、家の門のところに知らない男がいるという。

不審者——ムサシさんたちは戦慄《せんりつ》する。物盗りか？　いや、それなら家族が集まっているであろうこんな夜は狙わない。もっと危険な目的を持つ人間である可能性もある。兄と二人で様子を見に行こうとすると「いっちゃだめ」と母親が引きとめる。

その男は、今まさに玄関に立っているという。

なおさらすぐに行って追い払わなければならないが、「ぜったいにだめ」と頑《がん》として母親は行かせようとしない。放っておけばそのうち去ってくれるから、と。

「いいや、とっつかまえてやる」

鼻息荒く兄が玄関のほうへ行こうとすると、

「いうことをきけこのやろう」

母親の喉から男の声が放たれた。

さすがに兄も驚いて母親の言葉に従ったという。

明朝、ムサシさんが年賀状をとりに行くと玄関ポーチに水が溜まっている。

ドアも濡れており、まさかと思って顔を近づけて嗅ぐと——尿だった。

そういうことに

エステティシャンの七実《ななみ》さんが大阪へ出張営業に行った時のこと。

全フロアが美容系サロンの貸しスペースになっている四階建てのビルで、七美さんは三階のスペースを短期で借りた。そこは立地もよく、かなりの客入りを見込めるので、空けばすぐに埋まってしまう人気の物件なのだが、ビルのオーナーは以前に七実さんが働いていた店のオーナーでもあって、空きが出るとすぐに声をかけてくれたのである。

ある日の営業日、月の部屋代の清算のためにオーナーのいる四階へ行くと、

「今日はほんとに疲れたでしょう？　おつかれさま」

それほど疲れてはいなかった。むしろ今日は、とても対応が楽な客ばかりだった印象だ。そのようにオーナーに返すと、

「そうじゃなくて、子どもよ、子ども。わたし、子ども苦手だからさ。扱い方が難しいし、人の子は気を使うし――だから今日みたいに、あんなキャッキャ、キャッキャ、ずっとまわりで騒がれてたら、わたしならイライラで、へっとへとになっちゃうよ」

――子ども？

七実さんは首をかしげる。

「三時のお客さん、子連れで来てたでしょ？　上まで声が響いてたよ」

いや。子連れの客は来ていない。

近所の子どもの声ではないかと返すとオーナーは怪訝《けげん》な顔をする。

聞こえたのは子どもの「声」だけではなかったらしい。

幼児が走るような小さい歩幅の忙《せわ》しい足音、どすん、どすんと跳ねるような振動、玩《がん》具《ぐ》から流れる音声のようなものが上の階まで聞こえてきたのだという。

「――え、じゃあ、違うの？」

てっきりオーナーは、子どもを落ち着かせるために玩具で気を引いているのかと思い、「まったく効果がないじゃない」と呆《あき》れていたそうだ。

施術《せじゅつ》中にスマートフォンで音楽を流してはいるが、客の声が聞き取れるように音量はかなり下げている。上に聞こえるほど騒がしい音は出していなかった。

それをいうならオーナーのほうがうるさかった。三時予約の客の施術中、ダンスでも踊っているようなステップの振動が上から響いてきたのだ。

「なにそれ、知らないよ、そんなの。わたし、ひとりで書類の整理して――」

言葉を途中で切ったオーナーの顔色が見る見る変わっていく。

「幽霊ってこと？　昼間っから？　やだ。子どもの幽霊なんて最悪――あ、ねぇ、ざしきわらしってことにしない？　そういうことにしない？」

それなら、まだ怖くないのだという。

ならば、そういうことでいいだろう。七美さんは無言で頷いた。


大阪出張から東京に戻って一ヵ月ほど経った頃。

相談事があって大阪のオーナーにＬＩＮＥを送ったが、なかなか既読にならない。

急ぎではないので気長に返事を待っていたら、忘れた頃に電話がかかってきた。

オーナーはＬＩＮＥを返せなかったことを謝ると、仕事上でいろいろとトラブルが起きていたことを伝えてきた。その説明の中で、明らかに仕事と関係のないセンシティブな案件が出てきたので、彼女のことが心配になって「大丈夫ですか」と訊いた。

大丈夫じゃないよ、とオーナーは即座に返した。

「ざしきわらしじゃなかったんだから」

大阪のビルでなにかを見たらしい。

それがトラブルの原因というわけでもないようだが、完全に無関係という言い方でもなかった。

「ざしきわらしじゃなかった、ざしきわらしのほうがよかった」

ビルでなにを見たのか、オーナーは頑《かたく》なに教えてくれなかったそうだ。

緑面の祖父

華《はな》さんの最大の後悔は中学三年の夏である。

この時期に祖父が二度、危篤になっている。

一度目の危篤《きとく》は夏の初め。報せを受けて家族と病院に駆け付けると、すでに親戚たちが集まっており、ベッドでは石膏のような顔色の祖父が目を閉じている。

「おじいちゃん、おじいちゃん」

反応がないので何度も呼びかけた。

「華だよ、きたよ、起きて、おじいちゃん」

祖父の眉間《みけん》にしわが寄り、瞼《まぶた》が痙攣《けいれん》する。だが、開かない。

このまま目覚めなかったら……このまま死んじゃったらどうしよう……。

祖父という存在の喪失《そうしつ》——華さんにとってそれ以上の怖いことなどなかった。

この頃は耳に入る大人の言葉がみんな煩《わずら》わしく感じていた時期で、親ともうまくいっていなかった。だが祖父だけは特別で、どんな言葉も素直に聞くことができた。祖父はけっして華さんを否定するようなことをいわなかったからだ。

自分のことを理解してくれる唯一の存在が、この世からいなくなってしまう。そんなことは絶対にあってはならない。目を開けて自分のことを見てほしい。口を開けて名前を呼んでほしい。だから、おじいちゃん、起きてと何度も呼びかけた。

「声でか。ここ病院だっつーの」

「迷惑も考えてよ」

従姉《いとこ》たちの言葉が耳に入ってきた。

驚いて顔を向けると二人ともスマホに視線を落とす。

――なんなの、こいつら。お前らこそ、こんな時によくそんな冷静でいられるな。

取り乱して大声を出したことは確かにほかの患者に迷惑だったし、反省しなければならない。だが、こんな時までスマホを見ながら平然としていられる彼女たちのような人間には言われたくなかった。

この後、祖父は奇跡的に危篤状態から持ち直した。

安堵に胸を撫《な》で下ろす華さんだったが、従姉たちに浴びせられた言葉が胸の奥で根を張り、彼女の心を蝕《むしば》まんとしていた。

二度目の危篤の報せが来たのは、同じ年の夏の終わり。

だが、病院へは両親だけで行ってもらい、華さんは家でひとり留守番を選んだ。

今すぐ駆け付けて祖父の隣で手を握っていてあげたいという気持ちと、意地の悪い従姉たちに会いたくないという気持ちが彼女の中でせめぎあい、その結果、後者が勝ってしまったのである。

思慮がない愚かな選択だったと今なら思えるが、思春期であった当時は些細《ささい》な言葉でも深く傷ついて心が膿《う》む。自分の心を守るための仕方のない選択だったのだろう。

落ち着かない気持ちで連絡を待っていると、夕方に母親から着信があった。聞くのが怖かったが覚悟をして出ると、祖父がまた持ち直してくれたという報告だった。

ただ、もう喋《しゃべ》ることはできず、病院の先生からはおそらく今夜いっぱいもてばいい状態であることを告げられ、会わせてあげたい人たちがいれば今のうちに連絡をしておくようにいわれたのだという。

「どうする、今からでも来る？」

母親が訊いてきたが、この時、華さんに答える余裕はなかった。

部屋の中央に卵型のものが浮かんでいる。

首から上だけの祖父だった。

実際の頭よりも小さく、顔色は「光を見た直後に瞼の裏に浮かぶ残像」のような蛍光緑だった。

緑の顔色の祖父は、華さんになにかを喋りかけてきた。その声は顔の浮かんでいる距離よりも近く聞こえ、一音一音がはっきり聞きとれるのだが、聞いたことのない言葉なのでなにを話しているのかは理解できなかった。

ああ、そうか。

これはおじいちゃんがこれから行く場所で使うことになる言葉なのだ。

「華？　華、大丈夫？」

スマホの向こうで名前を呼ばれていることに気づく。

容体が急変し、たった今、祖父の呼吸が止まったことを告げられた。

緑色の祖父の顔も消えていたという。

ジム・キャリー主演の映画『マスク』に登場する怪人にそっくりだったそうだ。

あらわれ消える部屋

中学時代は女子バレー部だったという音奈《ねな》さん。

卒業して八年になるそうだが、今でも気になっていることがあるという。

毎年、夏の合宿の宿泊先は、長野のとある高原にあるホテルと決まっていた。

スポーツ合宿に適したホテルで近くに大きな体育館もあるため、各県から複数の学校が泊まりに来る。利用者のほとんどが学生だからか周辺の土地は観光地化されておらず、そのホテルも洗練された雰囲気はなく、お世辞にもきれいとはいえないらしい。

三年間で三度だけ泊まることになる高原のホテル——ここにはバレー部員の誰もが真相を知らなかった「謎」がある。

そのことを音奈さんが知ったのは一年目の合宿での部屋割りを決める時だった。

このホテルはなぜか、いくつかの部屋番号が抜けている。

「死」「苦」を連想するという理由で「4」「9」の部屋番号のないホテルやマンションの話はある。だが、ここにはそういったわかりやすい法則があるわけではない。

たとえば、205号室の隣が207号室であるとか、401号室がなくて402号室から始まっているといった具合で、規則性がまるで読めない。

前年も来ている先輩たちはこのことを当然知っているわけだが、その理由までは知らなかった。意地悪な先輩は怪談めいた「いわく」があるように臭わせ、一年生を怖がらせる。

そして、二年目になって初めて気づく新たな「謎」もある。

前の年にはなかった部屋番号が存在し、存在していたはずの部屋番号がなくなっているのである。

ホテル側の事情があるのだろうが、顧問の先生やOGも把握はしていなかった。

——私はホテルの詳しい場所を聞いていたので、例のごとくネットの力を使って調べてみたのだが、ホテルのサイトはあったものの部屋番号の謎については触れられておらず、利用者の疑問などもSNSにはあがっていなかった。

ホテル業界の常識としてこのような例があるのかもしれないと、その方面でも調べてみたのだが出てこない。

怪談路線で調べると「幽霊が出る」と噂がたった部屋番号は消されたり、並び順を変えたりするという情報もあったが、都市伝説の域を超えるものなのかも不明。ほかにも、番号が飛んでいる部屋があると思ったら、その部屋の入り口が壁に塗りこめられていたという怖い実話もあったが、この長野のホテルは部屋は存在するが番号のみが入れ替えられている。しかも複数の部屋が——。

このホテルで音奈さんは不思議な体験をしている。

二年生の夏の合宿でのこと。この年は他の学校の宿泊がなく、貸し切りのような状態だった。音奈さんたちは前年と同じで三人で一部屋を割り当てられた。

初日の夜はそれほど疲れも出ず、消灯後もひそひそと喋っていた。先輩の悪口や顧問への不満もいよいよ尽きて、明日も早いし寝ようかとなった頃、これまで静かだった隣の部屋から会話の声が聞こえてきた。

音奈さんたち三人は同時に起き上がると壁に耳を押し付ける。

隣から聞こえてくる会話に複数の男の声が混じっているのである。

まさか、他の学校の男子でも連れ込んでいるのか。

いや、同じホテルには泊まっていないはずだ。それに隣の部屋の三人は、そんな大胆な行動をとれるような子たちではない。

隣の部屋の様子を三人で見に行ってみることにした。

顧問の先生に気づかれては事なので、そっとドアを開けると目の前に人が立っている。

心臓が飛び出るほど驚いたが、なんのことはない、隣の部屋の部員たちである。

「もうびっくりさせないでよ――あんたたちなにしてるの？　声、丸聞こえだよ？」

「そっちこそ」といわれる。

隣の部屋の部員たちは、音奈さんたちの部屋から男の人の声が聞こえてきたという。

顧問にバレたら連帯責任になりかねないからと注意をしにきたのだと。

この時、音奈さんたちの部屋の並びは３０６号室で隣は３０４号室であった。

彼女たちは存在しない３０５号室の部屋の声を聞いたのだろうか。

あの日のナニカ

九〇年代の話である。

当時、韮沢《にらさわ》さんの通っていたダーツバーに、浅尾《あさお》という男性の常連客がいた。

一ヵ月ほど店に現れなかったので、また海外にでもいっているのだろうと思っていたら、ある日、人体標本の内臓を大きくしたような形の奇妙な物体を担いで来店してきたことがあった。

彼は何度もタイやインドへ行って、聞いたこともない名称の打楽器や奇妙な道具を買ってくるので、この謎の物体も旅先のマーケットなどで買ったものだろうと見ていた。

誰も彼に「それはなんだ」と訊《たず》ねることはしなかった。

わざわざこちらから質問せずとも、彼は自分から話してくれるからだ。旅から帰ったばかりの彼は数日間、来店してもゲームをやらず、収穫《しゅうかく》した道具の説明や入手した経緯などを常連客に事細《ことこま》やかに話すのがお決まりなのである。

最初の十分くらいは聞いていられるが、ほうっておくと一時間でも二時間でも喋り続けるので、みんな彼の標的にならぬようゲームに集中しているふうを装《よそお》うのもお決まりであった。

だが、今回は違った。いつものように彼は自分からぺらぺら説明はせず、カウンターで店員の女の子とぼそぼそ何やら話している。

三十分ほどそうやって喋っていた彼はゲームもせず、他の常連客とも会話を交わすことなく、謎の物体を持って帰ってしまった。

「あいつどうしたんだ、なんか変じゃなかった?」

浅尾と話していた店員の子に訊くと、彼の様子がいつもと違っていた理由を知った。

母親が倒れ、先月に亡くなったのだという。

元気がない理由はそれだけではなかった。

仕事を辞めてから精神状態が不安定だった浅尾の父親が、二週間前から行方不明になっているらしい。警察が捜しているが手がかりは見つかっておらず、妻の後を追おうと自殺でもしてやしないかと気が気でない、そんな状況であるという。

「それはきついな……あれはなんだったの?」

そんな大変な状況の時に、彼はなにを持って店に来たのか。

店員の子も本人に訊いたが、まったく要領を得なかったそうだ。

おそらく、警察からも連絡が来ず、家にひとりでいても落ち着かなくて店に来たのだろうという。本人もわけがわからなくなって、手近にあったものを掴《つか》んで持ってきたのではないかと――。

韮沢さんはいたたまれない気持ちになったという。


数日後、浅尾が笑顔で来店した。

さっそく外国産の煙草か葉巻みたいなものを店員たちに見せながら、その説明をぺらぺらと始めた。そんな彼の様子を見ていた韮沢さんは、行方不明だった父親が無事に帰ってきたのだろうと安心した。

韮沢さんは帰り際、浅尾に声をかけ、以前に店に持ってきた変な形の大きな物はなんだったのかと訊いた。

浅尾は少し考え、首を横に振ると「なんのことかわからない」と答える。

そうか、あの時はひどく混乱していたから、きっと記憶にないのだ。

木でこしらえた大きな内臓みたいな物だったと身振り手振りで説明するが、「あれかな」と浅尾が説明してくる楽器や何かの道具は、あの日に見たものとはまるで違う。

あの日、彼と話していた店員の女の子にも会話に入ってもらい、あの道具の形状の説明を助けてもらおうとしたのだが、店員の子の話にも韮沢さんの記憶との大きな食い違いが生じていることが判明する。

これではらちが明かないと、ほかの常連客たちも巻き込んで、あの日に浅尾が持ってきた奇妙な物体の確かな証言をどうにかとろうとしたのだが、その結果、彼が店に持ってきた謎の物体は韮沢さんしか見ていない――ということになってしまった。

こんなやり取りがあった二ヵ月後、浅尾が入院した。

彼の体から母親と同じ病気が見つかったからである。

だが早期の発見だったため、少し時間はかかったが投薬と手術により見事完治した。

後に浅尾はこのように語った。ある日、体に違和感をおぼえた彼は、ふと韮沢さんの見たという謎の物体のことを思い出したのだという。

その時に働いた嫌な予感を信じて検査に行くことを決めたのだと、韮沢さんに感謝の言葉を伝えたそうだ。

返答次第

「こういう本に書いてもらえるようなちゃんとした体験って、実はまったくしていなくてですね。ですから、これからする話もご満足いただけるかどうか、とても不安なんですよ。

この話は聞く側の受け取り方っていうんでしょうか、怖く汲み取っていただけたなら、怪談になるんじゃないかなあ、という話で――そんなんですがいいですか？

これは、高校二年の夏の話です。

はじめてバイトでお金を稼いで、はじめて夜遊びを覚えた頃です。といっても不良っぽいことはまったくしていなくて、地元の友だちと集まって、スクーター一台と自転車四台で町内をぐるぐる回るだけなんです。

団地の公園の地べたに円座《えんざ》して、それだけで不良っぽくなれた気がしてね、誰がムカつくだの、ぶん殴ってやろうぜだの、口だけ粋がってワルになれたような気がして、楽しい時間でしたね。

ええ、煙草も吸わなかったですし、健全なもんですよ。

あの頃は夜っていうだけで緊張感があったものです。実際スリリングでしたしね。ほら、ぼくらみたいなシャバ僧《ぞう》は、ヤバいヤツラにとって格好の標的でしょ。暴走族とかまだガンガンに走っていましたし、『特攻《ぶっこみ》の拓《たく》！』とかの時代ですからね。

それで一度、明らかにヤバそうなヤツラに囲まれて追いかけられたことがあるんです。向こうは三人だったかな、紫とかピンクに塗ったスクーターに乗ってて、悪そうでしょ？　こっちは五人いたけど数で勝てるなんて思っちゃいなかったんで、まあビビりましたよ。

向こうはへらへらしていて、顔とかも見るからに悪そうなヤツラなんです。そいつらが『ねぇねぇ』って近づいてきたから、僕らは自転車に飛び乗ってダッシュで逃げたんです。

一応、こういう非常時のための対策もみんなで考えていて、バイクの人間に追いかけられたら、とにかくそいつらが入ってこられないような、狭くて複雑な場所に逃げ込めって決めていたんです。死に物狂いで細い路地にぐいぐい入っていったんですけど、いきなり、ガーンッて何かにぶつかって、自転車から投げ出されたんです。

地面に仰向けに落ちて、その時に後頭部をゴンッて強く打って、一瞬ですが目の前がチカチカしました。

これは死んだかもって目をあけたら、三十代くらいの女の人がぼくの顔を覗き込んでいて、『死んだ？　死んだ？』って訊いてくるんです。何度も。

あれ、もしかしたら自分は死んだのかなって思えてきちゃって。頭もすごい打ったし。だから『死んだ』って返したんです。

そうしたらその女の人、すごく満足そうににっこり笑って――。

それからスクーターが来る音がして、ええ、さっきのヤバいヤツラです。ぼくのこと見て『大丈夫かよ』って助け起こしてくれたんです。きっと、ひとりで怪我して、仲間にも置いてかれたぼくが可哀《かわい》そうになったんでしょうね。自転車まで起こしてくれて去っていきましたよ。女の人はもういなくなってました。

変でしょ？　その女の人。生きてる人かもしれませんけど気味が悪くないですか？

あの女の人の満面の笑みは今でもはっきり覚えてますよ。

思うんですよね。もしあの時、『死んでない』って答えていたら、ぼくはどうなっていたのかなって」

黒異小譚《くろいこばなし》

皮むき峠

奈良市東部に六十年以上前にあった都介野《つげの》という村での話。

某家の娘が、皮膚と神経を侵す深刻な感染症に罹《かか》ってしまった。

今は適切な治療を受ければ完治する病だが、当時は薬物による治療がまだ確立されていない不治の病。民間療法に頼る者もあったが、どれも気休めにしかならない。よって感染した者は完治を願い、四国巡礼にいくことがあった。その多くは死に場所を探す旅となってしまうのだが、皆、一縷《いちる》の望みにすがったのである。

だが、この某家の場合は事情が違った。

娘の意志ではなく、家族の意志で彼女は巡礼へ行くことになった。

重度に至れば顔面にむごたらしい病変の起こるこの病は、偏見や差別の対象となっていた。そのような悪疾《あくしつ》の者が家族から出たことが知られるのは、この家にとっての不都合であり恥。家族の社会的立場を揺るがしかねない。つまり、世間の目から逃れるため、娘に家から出ていってもらおうというのである。

そして、その日がやって来る。

母親は村はずれの峠まで娘を送り出した。

ところがその翌日、娘は家に戻ってきてしまった。

次の晩、今度は父親が娘を峠まで送った。

だが、娘はまたすぐに家まで戻ってきてしまう。

三度目は兄が峠まで妹を送っていったが、道中で妹が四の五のいうので兄は激高し、彼女を手にかけてしまった。事の発覚を恐れた兄は、身元がわからぬようにと妹の顔の皮を剥《は》いで、遺体を雪の下に埋めた。

峠から戻った兄は、家へ入るなり卒倒し、そのまま二度と目覚めなかった。

妹が先に帰っていたからである。

カタテバラミ

お伊勢参りといって、伊勢神宮への参拝が大流行した時期が幾度もあった。各地から多くの人々が神宮を目指して旅立ち、なかには何ヵ月もかけて目的を遂げて帰ってくる人もいたという。そういう人たちの中には若い女性などもいて、犯罪に巻き込まれることも多かったらしい。

これは、かつてあったとされる「村」にまつわる奇怪な話である。

ある年頃の娘が叔父に連れられ、村の若者たちとお伊勢参りに行くことになった。娘が若者らから悪戯《いたずら》されることを憂慮《ゆうりょ》した叔父は、道中の泊まりの宿での晩は必ず、娘の腹の上に自分の腕をのせて寝たという。このようにしておけば、なにかがあれば自分が気づくであろうし、若者らも迂闊《うかつ》には手を出せまいと思ったのである。

ところが、それほど用心していたにもかかわらず、村に帰ってから娘が妊娠していることがわかってしまう。

月満ちて——この娘から生まれてきたのは「片手が一本」であった。
以来、この村は《片手ばらみ村》と呼ばれるようになった。

この村は兵庫県加東郡《かとう》にあったとされているが、どの村がそう呼ばれていたかは確認できていない。また、娘から生まれたのが「片腕の子ども」だったのか、あるいは「腕だけ」が生まれてきたのか、参考とした資料の文脈からでは判断できなかった。

寄生狸

高知県四万十《しまんと》市の話で、昭和の初期の出来事と思われる。

ある医者の妻が病床に就いた。

妻の病の原因は医者の夫にもわからず、医学による治療は無理と判断したか、祈祷《きとう》ができる者を呼びよせた。

すると妻は病ではなく、狸《たぬき》が憑いているのだという。

祈祷師は妻に憑く狸に「なぜ、この家に来たのか」と訊ねた。狸は妻の口を借りてこう答えた。

「元々は食べ物の少ないところにいた。子も増えてどうしようかと考えていたら、黒塗りの立派な車を見たのだ。こんなに立派な車に乗っているなら、きっと良い家に違いないと車に飛び乗った。思った通り、この家に食べ物は山ほどある。家は広いし、すっかり気に入ってしまった」

妻に憑いただけでなく、家にまで子と棲《す》みつこうというのである。

狸は祈祷師によって落とされたが、妻はもう手遅れであった。

食べた物の栄養分をみんな狸に奪われていた妻は、元気を取り戻すことなく亡くなってしまった。


平成二年発行の民俗雑誌に見られる。

歯むき坂

K集落の北方にA谷という坂があった。

ここはかつて棄老《きろう》の場であり、六十を超えた老人は若者に背負われてA谷まで連れてこられ、首から上だけを出した状態で埋められた。

後になって埋めた場所へ戻ると、棄《す》てた老人たちはみんな、歯を剥きだして死んでいた。

それは飢えや渇きの苦しみによる歯噛みか、恨みや怒りの形相か、あるいは死の際になにか恐ろしい物でも見てしまったのか——棄てた老人たちの屍がことごとく歯を剥きだす場所であるため、ここは《歯むき坂》と呼ばれたという。

鳥取県の西郷村《さいごうむら》で採集された話である。

包

昭和十三年、中国河北省出身の教師から採集されたモンゴルを舞台とした話である。同教師の父親がモンゴル首都ウランバートルの豪商であり、同地で暮らす期間が長かったことから知りえた話であろう。

ある夏のこと。
六、七十台の牛車を率いた中国人の隊商が、まったく人家のない草原を移動中だった。日没も近づいてきたので野宿できる場所を探し始めると、道案内のモンゴル人の青年が泉を見つけたのでそこで荷を下ろし、牛を休ませ、食事をとった。
月が見下ろす時間になり、青年は明日の案内の前途を探るため、草原を一人馬で駆けていた。

しばらく走っていると、砂丘の向こうにひとつの明かりが見える。

人家があるようだ。

しかし、あのようなところに人家はないはず――。

とにかく行ってみるかと明かりに近づいていくと、黒ずんだ一張りの《包《パオ》》があった
――モンゴルの遊牧民族の移動式の家であり、モンゴルでは《ゲル》と呼ばれ、パオは中国語での呼び方である。

そのパオのほうから、犬の吠える声が聞こえてくる。

青年は馬から降り、「こんばんは」と呼びかけながらパオに入った。

中は無人である。

だが、炉に火は入っている。

――出かけているのだろうか。

せっかく来たのだからお茶でもいただこうかと思ったが、桶に一滴も水がない。

少し薄気味悪くなり、気持ちを落ち着けようと懐から煙草を取り出し、炉で火をつけようとするが、どういうことかまったく煙草に火がつかない。

奇妙なことに火が熱くないのである。

茶も飲めず、煙草も吸えず、家人も一向に戻る気配がない。これ以上の長居は無意味であると判断した青年はパオを出ると、外に待たせている馬にまたがって隊商たちの野

宿する泉に戻った。

翌朝、案内の青年を先頭に隊商が移動を再開する。
泉を後にしてからどれくらい経った頃か、砂丘が見えてくる。
それは昨夜、青年が通った場所である。

だが、昨夜の無人のパオはなかった。
その場所には、何年も風雨にさらされたように朽ち果て潰れたパオがあった。
この潰れたパオの下からは、複数の白骨が折り重なった状態で見つかった。
おそらくずっと昔に、疫病で全滅した家族であろうとのことだった。

昭和二十八年発行の歴史学の雑誌に見られる話である。

子どもたちの声

東京N駅から徒歩数分の場所にあるネイルサロンへと向かっていたマヤミさんは、突然始まった耳の異常に立ち止まった。

音楽を聴きながら移動中だったので、はじめはイヤホンの調子が悪いのかと耳からはずすと、おかしいのは耳だった。

耳栓をしたようになにも聞こえないのである。

「鼻をつまんで耳抜《みみぬ》きしたり、いろいろ試してみたんです。なにしても変わらないんで、おかしいぞって焦《あせ》りました。歌手がなんとか性難聴みたいな耳の病気になったって発表していたばかりで、自分もそれかもしれないって半分パニックになりました」

どこからか七、八人の子どもが大声で話しているような声が聞こえてきて、その瞬間、「あっ、治った」と安堵しかけたが、すぐにおかしいことに気づく。聞こえるのは子どもたちの声だけで、他の外の音がまったく聞こえないのだ。

他が無音のなか、子どもたちの声だけがはっきり聞こえているという状況はホラー映画のシチュエーションのような怖さだった。だがその時は「脳の病気かもしれない」という現実的な怖さのほうが頭のなかを支配し、「どうしよう、どうしようと」とスマホ片手に同じところをぐるぐる回っていたという。

いつ自分が倒れるかもしれないので彼氏に『〇〇（ネイルサロンの名前）の近くで具合が悪くなったからすぐ迎えに来て』という旨のＬＩＮＥを送っておき、パーキングのそばに座り込んで症状をスマホで検索していた。

ふと、声はまだ聞こえているのに子どもたちが通らないことが気になった。

周囲に視線を巡らせるが駅前を行き交う人の中に子どもの集団はなく、次第に子どもたちの声に聞こえていたものがクワンクワンクワンという高い音がいくつも重なっている音になりかわっていることに気づいた。

これ踏切の音じゃない？

ハッとなって、まず視界に入ってきたのが『しばらくお待ちください』と書かれている黄色い札だった。

マヤミさんは遮断機の前に立っていて、自分が見ているのはバーに下がっている注意書きの札だった。

その時はもう耳の異常はなくなっていたという。

踏切に誘《いざな》われていたのか、危険を教えてもらっていたのか、あの子どもたちの声は自分をどうするつもりだったのか、それが今でも気になっているという。

ディテール

クミさんは節約のためにバイトへは自転車で通っている。

駅のそばにある屋根つきの駐輪場を利用しているのだが、冬場は自転車のカゴにマフラーや手ぶくろが入っているのをよく見るという。

「これはたぶん関西人だけの感覚かもしれないんですけど」

自転車を置いて、これから電車に乗るなり、カラオケに行くなり、買い物するなりする人は、マフラーや手ぶくろを手で持ち歩くのもバッグに入れるのも煩わしい。どうせ自転車に乗る時にはまたつけるのだからカゴに入れておけばいいし、こんなもの誰も盗まないだろう、という感覚なのである。

だからクミさんも手袋をぬいで、カゴに放り込んでそのままバイトへ行く。

ある日のバイト帰り、外でバイト仲間たちと喋っていたら、駐輪場へ自転車を取りにいく頃には夜の十一時をまわっていた。

駐輪場内は無人で、キンキンに空気が冷えて骨まで凍てつくような寒さだった。

自転車のカゴから手ぶくろを掴んではめようとすると、ぐっと引っかかって指が奥まで入っていかない。何かが手ぶくろのなかに詰まっている。

指の部分をつまんで逆さに振ってみると、じゃらじゃらと小さなどんぐりが大量に出てきて足元に散らばった。

「一瞬、ダンゴムシが入ってたのかと勘違いして悲鳴あげちゃいました。しょうもないイタズラするなってマジでムカついて――でもすぐに、うわっ、コワッてなったんです。だって、わたしだけピンポイントでイタズラされてたら怖いじゃないですか。もしそうだったら、イタズラの意味も変わってきちゃうでしょ？　だから、他の自転車のカゴも覗《のぞ》いてみたんです、被害者仲間が欲しくて。でも、時間が遅かったからだと思うんですけど、手ぶくろやマフラーをカゴに突っこんだままの自転車はもうなかったんです。まぁでもきっと、わたしの前にもヤラれてる人はいるよねぇって――無理やり思い込むことにしました」

それにしても、こんなに小さいどんぐりをいったいどこから見つけてくるのだろう。

これだけ集めるのもかなりの手間と時間がかかるはずだ。

どういう人間がどういう感情で、わざわざこんな真似をするのだろう。

考えれば考えるほど気味が悪い。早く帰ろうと自転車を出していると――。

たったたっ、と小さい男の子が駆け寄ってきた。

ふいを突かれたクミさんは「ひゃあ」と叫んで座り込んでしまった。

男の子はクミさんを見下ろすと「あ、まちがえた」という顔をして、たったたった、と奥に戻っていった。

びっくりしたが安堵もした。手ぶくろのどんぐりはあの子の仕業《しわざ》だ。子どものやったことだとわかれば、もう怖くはない。だが、またやられるのも鬱陶《うっとう》しいので、一言ぐらい注意しておくかと駐輪場を出る時に振り返るが、もう男の子の姿はなかった。

帰ったのか――いや、それはおかしい。駐輪場の出入り口は、この一ヵ所だけだ。先に出ていったのであれば、男の子は自分のそばを通らなくてはならない。

思えば初めからおかしかった。夜の十一時をまわっているのに小さい子がこんな場所に一人でいるのは不自然だ。

じゃあ、あの男の子は――。

冬の冷気とは違う薄ら寒さをおぼえ、その日は寄り道せずにまっすぐ帰った。

「わたしはあれが幽霊だとは思っていなくて——だって、ちゃんとぷにぷにのほっぺをした、かわいらしい普通の男の子だったんです。ああ、あと靴ですね」

男の子のはいていたシューズには、蛍光イエローの反射板《リフレクター》がついていた。幽霊がそこまで身に着けているもののディテールにこだわるとも思えないのだという。

男の子が何者だったのかということよりも、自分を誰と「まちがえた」のか、クミさんはそちらのほうが気になっているそうだ。

ドーナツ

六年ものあいだ闘病中だった姉が、ついに力尽きてしまった。

二日後の葬儀のために俊哉《としや》さんは礼服の準備をしようとしたが、あると思っていたところにない。最後に着てからどうしたかと記憶を辿っていく。

昨年末に友人の葬儀で着た後、クリーニングに出したのは覚えている。帰ってきてビニールに入った状態のままハンガーラックに掛けていたはずだが、そこにはなかった。ほかに収納場所もないので移動させたとは考えられず、早い段階で家にないことがわかった。

実はクリーニングに出したまま、受け取りに行くのを忘れていたのではないか。それが可能性としてもっとも高いと考え、店に問い合わせてみたところ、その当てもはずれた。こうなると皆目見当がつかない。

あきらめて、量販店へ買いに行こうと腰を上げたタイミングで電話があった。

人づてに姉のことを知ったという友人からだった。葬儀の日程などを伝える流れで

「礼服が見つからなくて困ってさ」と話すと、俊哉さんの礼服ならうちにあるという。

「それは俺のじゃないよ。第一、なんでそこにあるんだよ」

「いや、おまえのだ。先々月くらいか、誰だかの葬式の帰りにうちに寄って、そのまま泊まっていったろ」

そのような記憶はまったくない。昨年末の葬儀以降は姉を除いて身内に不幸はなかったし、他の葬儀にも参列していない。それにこの友人とは連絡はよくしているが、家にはもう一年近く行っていないのだ。きっと別人と勘違いをしているのだと思った。

「なんだよ忘れたのかよ。ちょっと待ってろ、いま確認するから」

そういいながら移動している様子だった。なにを確認するのかと待っていると、

「ほらみろ、やっぱおまえのだ。内側におまえの名前が刺繍《ししゅう》で入ってる」

そんなはずはない——と否定したかったが、現物がそこにあるのなら、それは動かしようのない事実。自分の記憶のほうが間違っていることになる。納得はいかないながらも、友人宅へ引き取りに行った。

友人宅にあったのは、たしかに自分の礼服だった。

いつなんのために着たものか手がかりでもないかと探してみると、ポケットからドーナツショップのレシートが出てきた。静岡県の三島にある店舗で、一度も行ったことのない地域である。印刷された日付を調べてみたが自分は普通に会社へ出勤している。

そもそも甘いものが得意ではないので、こういう店には一人で入らない。

友人がいうには、アポもなく急に礼服姿で来た俊哉さんは、亡くなった人からどれだけ世話になったかを延々と語っていたという。どんな内容であったかを覚えているかぎり話してくれたが、亡くなった人も、その人とのエピソードも、まったく心当たりがないものだった。

遠路はるばる

津島《つしま》さんは体調が優《すぐ》れず、午前中で会社を早退した。

猛暑が続いていたので熱中症の疑いもあるかとクリニックへ行き、診察を受けて帰る途中で元気になってきたので弁当でも買おうとコンビニに寄った。

入った瞬間、嫌な臭いが鼻を衝《つ》いた。

それは例《たと》えようのない――だがあえて例えるなら動物の腐乱《ふらん》死体の臭いだという。

「そんな臭いは一度も嗅いだことがないんですが、父が昔、山で見たという、蛆《うじ》まみれで生きていた大きなネズミの話を思い出したんです。ウサギみたいなおばけネズミで、病気か怪我かはわかりませんが、毛皮に大きな破れ穴がひらいていて、動くたびにその穴がパクパクひろがって汁を出すんだそうです。穴の奥にびっしり蛆が詰まっているのが見えて、とにかくひどい臭いを放っていたそうなんです。あの時に嗅いだ臭いは下水や糞尿《ふんにょう》なんかとは比べ物にならないっていっていたのを思い出したんですよ」

店内には弁当棚を見ている若いカップルと、レジで会計をしている部活帰りらしいジャージ姿の女子たちしかいない。こんなひどい臭いとは無縁そうな人たちである。それに、誰も臭いを気にしている様子がないのも妙に感じた。

いったん外に出て自身の体臭を確認するが自分でもない。店内に戻ると臭いはもう消えていて、キツネにつままれたような気持ちになる。

なんだったんだろうと首をひねりながら帰宅したが、シャワーを浴びて缶ビールを一本空けた頃には臭いのことなど頭から抜けていた。

その晩、実家から妹が泣きながら電話をかけてきた。

ユキがいなくなったという。

実家で飼っている白毛の猫である。

高校生の頃から家にいて、人間ならもうおばあさんだ。いつも決まった場所で静かに座って、じっと家族のことを見守っている。ここ数年は動いている姿を見ていなかった。

昨晩、いつもの場所にいないことに気づいた妹は丸一日、ユキを探していたという。

「猫は自分の死期を悟ると飼い主の前から姿を消すっていうし、覚悟はしておいたほうがいいかもよって伝えたら、妹が余計に泣いちゃって——。もうユキに会えないのって。でも実家はマンションですから、姿を消すといっても外へは出られないんで、家のどこかにはいるはずなんです。だから、押し入れのなかとか、もう一度よく探してみなよっていったんです。妹は『うん、わかった』って」

だがその数時間後に「やっぱりどこにもいない」と妹から涙声で連絡がきた。


その晩、友だちから借りた映画のＤＶＤが期待外れすぎて、鑑賞途中で寝てしまった。スタッフロールのところでソファで目覚めた津島さんは、すぐその臭いに気づいた。コンビニで嗅いだ臭いと同じだ。

どこからくるのか探すまでもなく、臭いは自分の両手から放たれているとわかった。見た限りでは臭いそうなものは指に付着していないが——。

手がなにかに触れた。

膝の上に、なにかがある。

なにもないし、重みもいっさい感じない。だが、両手はなにかに触れている。

——ユキなのか？

毛の感触や体温もないが、それを触る自分の手の位置や動きが、ユキを撫《な》でる時のものだった。まだ実家暮らしの頃、ユキの寝床は自分の膝の上だったことを思い出したという。

姿を消してからまだ一日しか経っていないが、もしどこかで死んでいるのなら、この連日の猛暑のなかで腐敗《ふはい》はかなり進んでしまっているだろう。

そんな体なのに遠路はるばる、自分に会いに来てくれたのだろうか。

臭いが消え去っても涙が止まらなかったという。

悪魔が来る

六歳の息子のいる男性が、Mという女性と再婚をした。

どれくらいのあいだ、この家族に幸せな時間があったのかは定かではないが、一年も続かなかったということは確かである。

いつからかMは夫の知らぬところで、六歳の息子を虐待するようになっていた。

Mは血の繋《つな》がりのない息子の存在が、どんどん疎《うと》ましくなっていき、虐待は日に日にエスカレートしていく。

そして、ついにMは邪魔な息子を殺してしまおうと考える。

その準備のひとつとして彼女は、ひそかに鬼の面を購入しておいた。


夫が不在になった、ある晩。

息子が寝ついたのを確認したMは、白装束《しろしょうぞく》を着て、鬼の面をかぶった。

その姿で息子の寝床に入り、あどけない寝顔を生臭《なまぐさ》いこんにゃくで撫でまわした。

何日も、何日も――息子が寝ようとするたび、白装束姿の鬼女《きじょ》が現れ、顔をこんにゃくで撫でまわした。

とうとう息子は精神に異常をきたし、死んでしまった。

山形県鶴岡市で実際に起きた事件として、同市の地誌に掲載された話である。

※

近年、鬼や妖怪が電話をかけてくるという、子どもをしつけるためのアプリが話題となった。鬼もおばけも現代の子どもがそこまで怖がるものかと軽んじていたのだが、使われていた子どもは大号泣《ごうきゅう》だった。

昔も今も、鬼は子どもにとっての「怖い存在」であるようだ。

だが、子どもの怖いものはなにも鬼だけとはかぎらない――。

菅《すが》さんが学童保育で知り合ったママ友のナオミは多趣味な人物であった。八歳と六歳の子どもを育てながらパッチワークや陶芸の教室に通い、文学賞や企業協賛型のイラストコンテストに応募するなど、何かを作り出す作業が好きだったようだ。

そんな彼女が突然クレヨンアートに目覚めた時期があった。

四十九色のクレヨンを買って、はじめはディフォルメした動物やファンタジー風のキャラなどを描いていたが、ある時、これまでとまったく違うタッチの絵を見せられた。

角や尻尾の生えた怪人の絵である。

子どもの本に出てくる擬人化された虫歯菌やバイキンのようだが、顔だけがリアルなタッチで、あまりかわいいものではない。手には血の滴《したた》るフォーク状のものを握《にぎ》っている。

「急にイメージが降りてきて描いたんだけど、自分でもこれがなにかはよくわかってないんだ。わたしは悪魔かなって思ってるけど――」

先日、六歳の次男が、まだ描いている途中だったこの絵を指さし、「このひとだれ?」と、おそるおそる訊いてきたのだという。

実在する人物を描いているのだと思ったらしい。

モデルの存在しない想像上のキャラであったが、次男にはこのまま実在する人物だと思い込ませるのもアリだとナオミは思った――というのも、次男は最近、怖いもの知らずになってきて、母親のいうこともまったく聞かず、なにかと反抗するので困っていた。

以前テレビで「鬼から電話がかかってくるアプリ」が子どもの躾《しつけ》に有効だというのを見て、我が家にも「怖い存在」が必要だと考えていたのだが――。

見たところ、次男はこの絵に怖さを感じているようだった。

「この人はママの友だちよ」

それを聞いて次男の顔がこわばった。

この人をぜったい家には呼ばないで。次男は怒ったように言う。

「だめだめ、今度、このひとを家に呼んで泊まってもらうからね」

「なんで？　こなくていいよ」

「だってユウくん、最近ママのいうこと聞いてくれないからさー、この人にユウくんのこと怒ってもらおうかなと思って」

「やだっ、やーだーっ」

地団駄《じだんだ》を踏んで首をぶんぶん振り、「ママの友だち」の訪問を全身で拒絶した。

「じゃあ、ママのいうこと、ちゃんと聞ける？」

「ちゃんと聞くから呼ばないで！」

泣いて懇願《こんがん》するので、ここでトドメとばかりに――。

「約束を破ったら、このひとを家に呼ぶからね。ユウくんと二人っきりにさせるから。一緒に寝てもらってもいいかもね」

効果てきめんであった。

おかげで次男はとてもいい子になったと、ナオミは得意げに話していたという。


それから半月ほど経った頃。

学童保育に子どもをお迎えに行くとナオミがいた。ここ何日か見なかったのでなにかあったのかと訊くと、次男が食物アレルギーで大変だったのだという。

「変な話なんだけど聞いてくれる？」


先週末、子どもたちを寝かしつけて、夫とアマプラの映画を二本観て午前二時過ぎに床に入ったら、胸苦しさですぐに起きてしまった。

目の潰れた子どもの顔が胸の上にぼってり載《の》っているので、心臓が止まるくらい驚いてはねのけようとしたが、それは顔の腫《は》れあがった次男だった。

寝ぼけて壁に顔をぶつけたのかと濡らしたタオルを顔に当てたが、どうも様子がおかしい。顔にだんだん痒《かゆ》そうな赤いぼつぼつが現れ、呼吸も苦しそうだった。

これはアレルギーの症状かもしれない。

その夜に食べたものを思い出していると、夫がキッチンでなにやら騒いでいる。上の戸棚《とだな》に隠しておいたはずのお歳暮でもらった豆菓子《まめがし》が、蓋《ふた》の開いた状態でキッチンテーブルに置いてあったのだという。

ナオミは気を失いそうになった。

次男はピーナッツアレルギーなのである。

救急病院に駆け込んで大事《だいじ》には至らなかったが、疑問が残る。

夜中にお腹が空《す》き、こっそり布団から抜け出して台所を物色《ぶっしょく》したのだろうが、豆菓子は次男の手の届かない戸棚に隠し、存在さえ知らなかったはずである。

それに、豆菓子などわざわざ食べなくても、もっと彼の好きなお菓子が手の届く棚に入っていた。どうして好きでもない豆菓子を彼は食べたのか。

本人に訊いても、自分が食べたという自覚も記憶もなく、動機は不明。

次男が覚えていたのは、この日、母親から久しぶりに激しく叱られ、「今夜、友だちを呼ぶからね」と、あの絵を見せられたことであった。いつ来るのかと怖くて眠れず、布団《ふとん》の中で小さくなっていたのだという。

裏アカ女子

サオリは身長百七十八センチに紫のベリーショートというだけでも目立つのだが、着る服のセンスがとても奇抜なのでファッション系のモデルにしか見えず、街中を歩いているだけで写メを撮る音が付きまとう。だが彼女はその外見よりも性格がかなりぶっ飛んでいて、それは本人も自覚しているのだそうだ。

「そんなサオリから、彼女よりぶっ飛んだ人の話を聞いたんです。これって怪談だなあと思ったので聞いたままをお話ししますね」

彼女をよく知る古里《ふるさと》さんという女性からうかがった話である。

サオリは男運が悪く、付き合う男がことごとくクズだった。だから一年ほど、男から距離を置いて彼氏も作らなかったのだが、その反動なのか、ある日、急に自身が必要とされたいという思いが強くなり、やがて誰とでもいいから繋がりたいと考えるようになった。

その日のうちにＳＮＳで裏アカを作って「裏アカ女子」となり、まずは性目的の出会いを求めた。最初から互いに性目的で会うのなら裏切られることもなく、相思相愛の関係とあまり変わらない夜を楽しめるのではないか、というのが彼女の考えであった。

様々な出会い系サイトやマッチングアプリで複数人の男性と出会い、それでも物足りなさを感じていた彼女は、「性癖《せいへき》」で繋がる出会い系サイトに辿《たど》り着く。

婚活サイトのように、自分の性癖の条件などを登録するヤリモクの場で、通常マッチングアプリは、「いいね」を押し合ったら連絡がとれるが、このサイトはあいだにＡＩが入っている。二者の条件を見て「この人はどうですか」とＡＩが両者に提案するというシステムだった。

サオリは乾いた寂しい日々を、こうした場での出会いで潤《うるお》していた。

ある日、このサイトのことを友人のモエミに話すと強い興味を示してきた。

「わたしもはじめてみようかな」

彼女には婚約者がいたが満足していないのだという。

即日、モエミも裏アカを作って、例のマッチングサイトに登録した。

互いのアカウントは教え合わなかったという。

その後すぐ、サオリは自分に一番マッチする男性を見つける。性癖マッチングサイトで出会った三十二歳の男性で、彼とはあらゆる相性が合った。だから、これまで繋がっていた男性たちをすべて切り、彼一人に絞《しぼ》った。

ある日、その男性とホテルにいる時、サオリは足の親指の爪を剥《は》ぐ大怪我をした。七転八倒するほどの痛みではなかったが、呻《うめ》き声と脂汗《あぶらあせ》が止まらないほどには痛かった。男性は気づかずにベッドで大の字になって寝ている。

心配されるのも面倒なので爪のことは黙っていようと起こさないように処置していると、モエミから電話がかかってきた。

「いま、なにしてんの」

「ホテルにいるけど」

「だれと?」

「前に話したリピートしてる人」

「そうなんだ。その人に電話代わってくれない?」

「──なんで?」

「いいから代わって」

意味が分からないので断ると「なんで代わってくれないの」と怒り出す。

きっと酔っているのだ。「今はとにかく無理だから」と強引に電話を切った。

だが、後から妙に気になってきたので男性を起こし、「この子を知っているか」とモエミの画像を見せた。男性の表情がこわばった。

「ツイッターで話して二回くらい会った子だ。あの子も変わった性癖持ってたな──え、なに?　この子、友だちなの?　もしかしてオレ、なんかにハメられた?」


後日、モエミに電話をかけた。あの時の電話はなんだったのかと訊ねるために。

電話口でモエミはわあああと泣き出し、このように告白する。

「だって、サオリがあの男にハマりすぎて、自分と遊んでくれなくなったから悔《くや》しくて。わたしからサオリを奪《うば》った男ってどんな奴《やつ》だろうって知りたかったの」

どうやって探し出したのかと訊くと、モエミはまず何万人といる裏アカ女子のアカウントからサオリのアカウントを探したという。

だが、サオリは裏アカでは個人情報をほとんど出していない。それでもモエミは「誕生日」「身長」など、自分の持つサオリの情報をすべて駆使《くし》し、なんとか辿り着いたのだという。あとは、よくリプライしている男に照準《しょうじゅん》を当てて調べているうちに、例の三十二歳の男に行き着いたのだと淡々と説明した。

モエミがそこまで自分に執着《しゅうちゃく》していたことに気づかなかった。

完全に歪《ゆが》んでいる——自分の友人を奪った男がどんな人間かを知るためだけに、モエミは彼と会って二回もホテルに行き、そういう行為をしていたのである。

「もしかして、こういうことするのがモエミの性癖なの？　だとしたらキモすぎるって……なんかもう、あんたと友だちでいたくない感じ」

ぷぷぅーっ。

堪えきれずに吹き出したモエミはひとしきり笑うと、

「つめをかみちぎりたい」

急に声が大きくこもったので思わず通話を切ってしまった。

モエミとは、それっきりだという。

だが、そのぐらいから、たまに裏アカ女子にフォローをされるという。目的もわからず、一度の絡《から》みもないまま、気がつくとフォローから外れている。

そういう裏アカに、たまにモエミとそっくりな女性の動画や画像があがっていて、ゾッとさせられるそうだ。

黒異小譚《くろいこばなし》

急ぎの客

高尾山のケーブルカー工事が行われていた頃に、人力車の車夫が体験した。
その日、車夫は清瀧沢《きよたきざわ》付近の駅の前で客待ちをしていた。
やがて、汽車からひとりの美しい女性が降りて彼の車を呼び、乗り込んだ。
大急ぎで大垂水《おおたるみ》へ行ってほしいという。
東京と神奈川の境にある峠である。
車夫はいわれるままに一生懸命に人力車を走らせた。
すると、高尾橋まで来たあたりで、フッと車が軽くなった。
振り返ってみると、座席に女性の姿がない。

代わりにそこにいたのは大きなアオダイショウで、今まさに車から降りようとしているところだった。

車夫は車を放り出し、その場から逃げだしてしまったという。

東京浅川町付近で最近起きた事として、昭和八年発行の雑誌に掲載されていた逸話である。後ろに乗せた乗客がいなくなるところは「タクシー幽霊」のようだが、こちらの正体は幽霊ではなく蛇である。これについて、次のような解釈を付け足されている。

薬王院の水行《すいぎょう》道場のひとつ琵琶瀧《びわたき》。その上にあった雨宝弁天の祠《ほこら》は、後に高尾山の登山口付近にある池へと移されている。ここの弁天様がケーブルカー工事の際に居所を失い、そのことについて江の島の弁天様に相談に行った――その帰りに人力車に乗ったのではないかというのである。「美しい女性」であったことも納得できる。

生麦の木

伐《き》れば祟る、血を流す、災いが降りかかる――そういった木の逸話は各地にある。

多くは土地や神社仏閣の謂われと紐《ひも》づく伝説や真偽不明の風説であるが、実際に多くの人々に被害を及ぼしたという記録を鮮明に残す木もある。

武蔵国橘樹《たちばな》郡生麦《なまむぎ》村――現在の横浜市鶴見区生麦で、帰国途中であった薩摩藩士の行列のなかを騎馬で押し入ったイギリス人商人らが、行列を乱したとして一名が斬殺《ざんさつ》、二名が負傷させられ、後の薩英戦争の火種となったという一八六二年に起きた《生麦事件》。

この現場となった場所には現在、事件碑が設置されている。

これは、その周辺で起きたという昭和の出来事である。

横浜の中心部を運行していた横浜市電――その生麦地区にある車庫の引込線工事の計画が実施されることになった際、生麦事件碑の周辺に生える古い松を二本と榎一本その他を市の電気局が伐ることになった。

この計画が発表されるや、史跡を尊重し、景観を保持したい地元の人々が猛反対したのだが、彼らの抵抗も虚しく工事は計画通りにおこなわれてしまった。

だがやはり、伐るべきではなかったのかもしれない。


実施後、程なくして周辺で不自然な不幸が立て続けに起きたのである。


最初の犠牲者は、依頼を受けて事件碑周辺の木を伐った工事業者の二人だった。

二人は伐採を終えてすぐ、熱病に罹った。

そして、一人は発病から四日目に死亡。

もう一人は五日目に力尽きた。

それからまもなく、工事監督の技手《ぎしゅ》が先の二人と同じ病因《びょういん》と思われる高熱に倒れた。

次は、県から事件碑周辺の並木道のもらい下げの交渉をした主事《しゅじ》が病に伏せる。なお記録によると、これらはいずれも発症原因などは不明とされている。

さらに、伐採後の道路整理をした車両の運転手が事故により足に深刻な怪我を負う。

こうして木の伐採に関係した者たちの身に次々と不幸が起きたのだ。

それだけでは済まなかった。伐採に直接関係しなかった者たちにまでこれは波及《はきゅう》していき、その後も市役所や工事の出張所の人間などに、病人、怪我人、死者が絶えず出続けたのである。

これらの不幸の要因はすべて、生麦事件碑周辺の木々を伐ったことにある——当時発行された横浜の新聞に、そのように書かれた記事が掲載されたという。

ここからは余談になるが《生麦事件》に関することで思い出したことがある。

《生麦事件》関連の写真はいくつかあり、なかには被害者の遺体といったショッキングなものもあるが、もっとも知られているのは社会の教科書にも載っていた、遺体発見現場とされる場所の一枚であろう。この写真の右側には立派な木が写っているのだが、それが先の工事で災いを及ぼしたとされるものの一本かは不明である。

私の通っていた小学校で、この写真に写っている木の根元に「人の生首がある」と児童たちがパニックになったことがある。

写真のパネルを作った担任教師が児童たちに見せた際に起きたことで、「サングラスをかけている」「蜻蛉《かげろう》のような目をしている」と児童たちがヒステリックに叫んだのである。

当時、私もそこに居合わせていたのだが、やはり写真の中にそのようなものを見たという記憶が確かにあり、その画像もはっきりと頭の中にあるのだが、今同じ写真を見てもまったくそのようなものは確認できない。

あの時、私たちが見た写真はなんだったのか。

祟る閻魔

かつて横浜市神奈川区某所に閻魔堂《えんまどう》、稲荷《いなり》神社、大日堂《だいにちどう》などの殿堂《でんどう》があった。

それらはこの町の町有財産になっていたが、「町内繁栄」のひとつの策としてこれら町有地を売却し、その金を分配しようという話になった。

その土地には各殿堂の他に、平安中期の天台宗《てんだいしゅう》の僧・恵心僧都《えしんそうず》の作である大日像や、神酒《みき》を献《けん》ずると目が赤くなるという菅原道真《すがわらみちざね》の像、そして、高さ一メートル強の閻魔像などもあった。

こういった神仏像までをも売りさばくという判断には当然反対する者たちもいて、双方が顔を突き合わせての協議となったのだが、彼らの抵抗も虚しく賛成多数で売り払うことが決定となってしまう。

殿堂の番を務める堂守《どうもり》に金を掴ませて追い出し、土地の建物、仏像、什器《じゅうき》をことごとく売却して、いよいよ、売却金の分配という時――。

反対派の人たちは自身たちの意志に加え、神仏の祟りの畏《おそ》れもあったので一切、金は受け取らなかった。中には金は要らぬからと仏像をもらい受け、自分の家で祀る者もあったという。こういった金を受け取らなかった人たちには、なんら障りはなかったとされる。

では、分配金を受け取った人々はどうなったのか。

記録によると、受け取りから間もなく多くの破産者が出て、治らぬ病に苦しむ者が続々と出はじめ、複数の死者が出た。これにより分配組の大半は死に絶えてしまったという。

こうした一連の破産・病死などはすべて閻魔王の祟りとされた。

棄大黒

神奈川県菊名《きくな》の某寺の門前に、かつて一軒の寿司屋があった。

ある朝、店先に一体の奇像が置いてあるのを店主が見つけた。

それは大黒天の像で昨夜のうちに誰かがこっそりと棄《す》てにきたものと思われた。

普通はそんなものを店の前に棄てられては迷惑だと怒るものだが――。

寿司屋の主人は「福の神がきた」と大喜びし、これを歓迎した。

――誰かは知らないが、よほど困ったことがあって置いていったのだろう。これからはうちで祀《まつ》るぞ。そういって、この出所《でどころ》もなにもわからない像を、本当に自分の店で祀ったのだという。

それ以来、この寿司屋では不幸なことばかりが起きた。

あまりに続くので主人はすっかり消沈し、精神を病んでしまう。

ただ事ではないので易者《えきしゃ》に見てもらうと次のようなことを訊かれた。

「なにか仏像のようなものはないか」

実は拾った大黒天をうちで祀っていますといって実物を易者に見せた。

三面六臂《さんめんろっぴ》——顔が三つ、腕が六本ある姿の像。

これは《走り大黒》というものだという。

誰がいったい、何の目的で、寿司屋の前にこのようなものを置いたのか。一切は不明であるという。


もう一体、祟る像の逸話を追記する。

先の寿司屋の前の寺には、石を刻んで作られた猿の像がある。

誰が作ったものか、元は付近の街道にあったもので、夜な夜な人に呼びかけたり、急に驚かせたりしたといわれている。

そこで住職が街道からこれを寺に移して預かると、声を発することはなくなった。

だが、なぜか石の猿の口元は常に湿っているようになり、この口が乾くと不吉なことが起こったという。

血の池の産女

横浜市港北区師岡町《もろおかちょう》の熊野神社には、かつて三つの池があった。

「いの池」、「のの池」、「ちの池」で、この三つの池は「いのちの池」と呼ばれている。池を浚《さら》うと雨が降る、片目の鯉が棲む、いかなる旱天《かんてん》にも水が涸れない、といった不思議な言い伝えがいくつも残されており、調査記録などから歴史を辿れば地域の人々にとって特別な場であったことがうかがえる。

現在、池は二つしかない。

昭和四十四年に「ちの池」だけが、埋められてしまったのである。

それまでこの池は農耕《のうこう》貯水池として利用されていたが、周囲が住宅地になったことから、子どもが入って溺れる危険があるという理由で埋められたとのこと。

だが、本当に理由はそれだけだったのだろうか。

埋められた池には、次のような怪談が語られていた。

「ちの池」と呼ばれる前、この池の付近は樹木が鬱蒼《うっそう》としており、治安もよくなかった。

そのため、あまり人は近寄らず、いつも寂しく静かな場所であった。

ある日、ひとりの巡礼《じゅんれい》中の女が、この池のそばの坂にさしかかった。

折り悪く、女は急に産気《さんけ》づき、そこで子を産み落としてしまう。

叫んで助けを呼ぼうにも、あたりに人の姿はない。

結局、救うすべなく、赤ん坊は死んでしまう。

錯乱《さくらん》状態となった女は、死んだばかりの血塗れの赤子をわしづかみに――。

そして、ざんぶりと池に飛び込み、溺れ死んだ。

数日後、女が入水《じゅすい》した池の水は血のように真っ赤となり、それからここは「血の池」――

「ちの池」と呼ばれるようになったといわれている。

だが、それだけでは終わらなかった。

産女《うぶめ》が血の色に染めた池――。

そのそばを通った妊婦が、池に落ちて亡くなる事故が起きたのである。

人々は噂した。

狂乱の産女が、血の池から手を伸ばして引き込んだのだと。

脇差

長髪を垂らしたばあさんが、寺の門から本堂に入ってきた。オマンという名のばあさんで、その手には抜身《ぬきみ》の脇差《わきざし》を持っていた。そんなことがあってからまもなく、オマンばあさんの死の報せがあったという。

群馬県水上町（現・みなかみ町）の民俗調査報告書に見られる綱子《つなご》集落で採集された話であり、死人の出る兆《きざ》しとされる現象「前報《まえしら》せ」の一例である。

居る

小枝《さえ》さんが働くグループホームは家族経営であり、施設長は彼女の父親である。

仕事の内容は食事の準備、洗濯に掃除といった家事全般で、利用者のプライベートを守りつつ生活の支援・補助をする。

これは日中の仕事内容で、宿直の場合は定期的な巡視《じゅんし》がおもな仕事となる。だが夜間勤務においてもっとも重要なことは〝居《い》る〟ことであるという。

利用者が深夜に無断で外出してしまうことがあるからだ。

利用者は就労支援施設などに通って日中の大半は不在であって、それ以外の時間も基本出入りは自由なのだが、このホームには夜間の門限があって、夜十時以降の外出はできなかった。夜間に外出した利用者が外でトラブルを起こしたことが過去にあったからである。

たまに眠れないなどの理由で外出許可を求めてくる利用者もいるが、予定があるなど事前の申し出がなければルールを守ってもらっていた。そこに不満を抱いて、隙を見て抜け出そうとする利用者もいるが、玄関口の目の前が施設長室とスタッフルームであり、ここが彼らにとっての大きな〝関門〟となっていた。

とくに重要なのは施設長室で、この部屋の明かりがついていればたいていの者は引き返す。利用者にとって施設長はルールに厳しく怖い存在なので、部屋に〝居る〟とわかれば諦めるのである。だから不在であっても施設長室の照明はつけっぱなしにしておくのがスタッフ内の決まりとなっていた。

その施設長室の照明が、ある時期から勝手に消されるようになった。それが起こるのは決まって施設長が不在の宿直の時間帯で、一時間前に窓から明かりが漏れているのを確認しているのに、次の巡視の時にはその窓が真っ暗になっている。

はじめは父親がちょっとした用事で施設長室に寄って、うっかり照明を消して帰ったのかと思い、そのたびにつけ直していた。

だが、ある晩の宿直で、そうではないとわかった。

定時巡視のために小枝さんがスタッフルームを出ると、また施設長室の照明が消えているのに気がついた。

――パパが来てたのかな。また消えてるし。

「しょうがないなぁ」と苦笑いしながら施設長室のドアを開けると、部屋から誰かが飛び出してきた。

肩にぶつかられてよろめいた小枝さんは「びっくりしたぁ」と振り向くが誰もいない。てっきり父親が出てきたのかと思ったので呆然《ぼうぜん》としてしまい、我にかえるとすぐに父親に連絡をしてホームに来てもらった。

各部屋の利用者にも協力してもらい、ホーム内に侵入者がいないかを一室一室確認したが怪しいところはない。不審者を目撃後すぐに玄関が施錠されていることを確認しているので、外部からの侵入はなかった――ということになった。

だがそれは、小枝さんが安心できる結果ではなかった。

誰かが肩にぶつかってきてよろめいたあの感覚は絶対に気のせいなどではない。

無人だと思っていた部屋に誰かが〝居た〟のは確かなのである。

施設長室の部屋の照明をたびたび消しているのは、その〝誰か〟なのではないか――

小枝さんは別に幽霊がいるなら見てもいいとは思っている人なのだが、一人でいる時は絶対に嫌《いや》だった。このままでは宿直などできないと父親に訴えると、「照明が消えるのは電気系統の不具合だ」と宥《なだ》めてくる。それでも小枝さんが不安を訴え続けると、近いうちに点検をしてもらうから、それまでにまた照明が消えていることがあっても、ほうっておいていいという。いわれなくても小枝さんはそうするつもりだった。

その後しばらくは、明かりが消えていても見なかったことにしていた。施設長室の暗い窓を見ながら、あの部屋の中にいるナニカを想像して身震いした。

やがて、部屋の照明が消えているのを見た一部の利用者が施設長の不在に気づき、何度か関門を抜けて無断外出を試みた。なんとか未然に防いだが、そんな一部の利用者の身勝手な行動に小枝さんは苛立ちをおぼえていた。


その日は、ホームのある地域を大型の台風が直撃していた。

宿直の小枝さんがこの日、二度目の巡視で廊下を移動中、ホーム全体が停電になった。

慌《あわ》てず懐中電灯をとりに行こうとスタッフルームに戻る途中、自分の横を誰かが駆け抜けていった。暗くて何も見えなかったが、服をかすめて、微風《びふう》を感じたのである。

「ちょっと！　どこへ行くんですか？」

玄関のほうへと向かったようだ。外へ出るつもりなのだ。

停電で利用者がパニック状態になっているのかもしれない。急いで引きとめねばと焦れば焦るほど何かにぶつかったり躓《つまず》いたりして、なかなか進めない。するとまた、小枝さんの横を誰かが駆け抜けていく。

「ダメですって！　戻って！　明かりはすぐつきますから！」

台風直撃のこんな夜に外へなんて出たら怪我ではすまない。もし死亡事故など起きてしまったら――焦りが頂点に達し、半分泣きながら「戻ってください」と呼びかけ、手探りで玄関へ移動していた。

〝関門〟に着いたあたりで電力が復旧し、ホーム内に明かりが戻った。

玄関に利用者たちの姿はない。

血の気が引いた。まさかもう出て行ってしまったのか。

だが、玄関ドアは施錠《せじょう》されている。それは、玄関からは誰も出ていないということだった。

ホーム内をすべて確認してまわったが、利用者たちは全員部屋にいた。

居ても立ってもいられず父親に電話し、この奇妙な体験を伝えたのだが――。

「お前が一番パニックになってどうするんだ」と笑われてしまった。


翌朝は台風一過で快晴だった。

ホームの玄関前に線香を焚《た》いた痕跡があった。

小さな薄青《うすあお》色の小皿が八枚ずらっと並んでいて、短くなった線香と白い灰が残っている。

それを見た小枝さんはクスッと笑ってしまった。

なんだかんだいいながら、父親も本当は怖いのだ。だから小枝さんの話を気にして、朝早く来て線香を焚いていったのだろう。だが外でこんなに焚いたら、ホームでなにかあったのかと変な噂《うわさ》がたってしまわないだろうか。

のちに、「あれはやりすぎ」と伝えると、線香など焚いていないと父親は気味悪がった。

小枝さんの昨夜の体験のことも誰にも話していないというので、他の家族が置きに来たわけでもない。

ならば誰が、どのような理由で、台風の去ったばかりの早朝に線香など焚きに来たのか。皆目見当もつかないそうだ。

君が——

「君が代」が聞こえるなか、哲士《てつし》さんは目覚めた。

深夜のバラエティ番組を見ていたはずだが、どうやらソファでそのまま眠ってしまったようだ。番組の放送が終わったのだろう。

放送終了後に流れる「君が代」で歌声が入っているバージョンを聞くのは初めてだ。少年少女の合唱である。

電源を切ろうとテレビのリモコンを探しながら気づいた。

テレビ画面は真っ暗で、電源は入っていなかった。

元詐欺師の練習

マイさんは半年前から大阪市中央区のキャバクラで働きだした。

「この業界ならではの怪談はありませんか」と私が訊くと、その店によく来ていた清水《しみず》という客の話をしてくれた。

ギャングかアソウタロウを意識したような出《い》で立《た》ちで、本人は四十代というが見た目は完全に七十代。自称元・詐欺師《さぎし》で過去に逮捕歴もあるらしく、そのことを自慢《じまん》げに語って女の子たちからの関心を得んとする、ようするに薄っぺらな人間である。

愛人が五人いると豪語《ごうご》しながら店の子をあの手この手で口説こうと必死であり、みんな彼につくのをとても嫌がっていたが、店側にとっては毎回いい額を落としてくれるありがたい存在であった。

そんな清水がある日突然、こんなことをいいだした。

「実はぼく、霊が見えるんですよ」

元・詐欺師を名乗る男の言葉など誰が信じるだろうか。どうせこれも女の子の気を引くための虚言《きょげん》だろう——というのがマイさんたちの胸中であった。

ところが、「霊が見える」という発言においてのみ、あながち嘘ともいえなかった。

この店には、誰も使わないシャワールームが二つあった。

キャバクラには不要のものであるが、この店の前が風俗店であった名残《なごり》である。

清水はそれがある場所をいい当て、そこで男が死んでいないかと問うてきた。

店長は驚いていた。詳しくは話さなかったが、過去にそういうことがあったのだという。

さらに清水はひとりの女の子をつかまえて、最近、子を堕《お》ろしただろうと問い詰めた。

いわれた子はずっと否定していたが、急に「わっ」と両手で顔を覆《おお》って泣き出すと席を立っていなくなってしまった。

ああいうことはみんなの前でいうべきではない——と女の子たちに非難されても彼は右から左で、いうに事欠いて、「あの子の足に子どもの霊が巻きついていたんです。あ、巻きついているのは臍《へそ》の緒《お》です」などといい出す始末《しまつ》。いわれた子は翌日から店に来なくなってしまった。

どんなに珍しい〝特技〟を持っていても、いっていいことと悪いこともわからないような人間が好意的な関心など集められるはずもない。「霊が見える」という発言から清水の印象は著《いちじる》しく悪くなっていき、彼が来店している時は店の空気も悪くなった。

そんな清水がマイさんに好意を抱いてしまった。

ほかの女の子たちが彼への嫌悪を露骨《ろこつ》に表すなか、彼女だけは仕事と割り切って笑顔で退屈な自慢話に付き合い、彼を立てて、彼を担《かつ》いで、気持ちよくお金を落としてもらう――つまり、キャバ嬢として接客をしっかりこなしたのである。

その結果、清水を勘違いさせてしまったのだ。

毎回、マイさんに指名を入れてくれるのはありがたいが、彼女が他の客についているとあからさまに機嫌を悪くし、店員やほかの女の子への態度がきつくなる。しまいにはマイさんを独占しているといって客とトラブルになる。

マイさんが宥めると途端に機嫌をよくし、「ぼくはマイさんがほかの男と一緒にいるのを見ると我慢がならない、ころしたくなってしまうんです」と物騒な想いを訴えてくる。

そのうち清水は、マイさんに悪い男の霊が憑《つ》いているといいだし、祓《はら》ってやるから家に来いとしつこく迫ってくるようなった。

彼の気分を害さぬように言葉を選んで断っていたが、諦めるどころかますます火がつき、とうとう閉店後に出待ちをするようになってしまった。

このままでは、そう遠くない日に清水はストーカー化する。

高齢男性からの一方的な恋愛感情を拒絶した若い女性が、メッタ刺しにされて殺されるという身勝手極まりない事件があったが、自分も同じ運命をたどることになるのではないかと恐ろしかった。


「嫌なことは忘れて気晴らしに行こうよ」

店の子に誘われ、休みの日に女子三人で京都へ行った。

人気のみたらし団子の店に並んでいると肘でつつかれ、一緒に来た子が目配せをする。

マイさんの三人後ろに清水が並んでいた。

まわりに人がたくさんいるにもかかわらずマイさんは叫んでしまった。

一緒に来ていた女の子のひとりが気の強い性格で、「ストーカーしてますよね」と清水に詰め寄った。清水は両手をあげて「誤解です、誤解」と身の潔白を訴える。

「ぼくはただ練習していたんです。マイさんとそういう関係になったら、どんな感じのデートになるのかなぁって。だからこれは、その日のための練習なんですよ、練習」

元・詐欺師と思えぬ見苦しく稚拙《ちせつ》な言い訳――このストーカー行為を彼は、マイさんと交際できた時のためのデートの予行練習だというのである。

「それもうストーカーですから。マイちゃんが警察に行ったらあなた終わりですよ」

店では自分に向けられた嫌悪の目もどこ吹く風と流していた彼だが、さすがに警察という言葉が出ると顔色が変わって、マイさんに救いを求めるような目を向けてきた。

「清水さん、もう店に来ないでください」

それから清水は店に来なくなった。

上客《じょうきゃく》を失って店長は少しがっかりしていたが、京都での彼女たちの対応をけっして責めたりはしなかった。清水にはほかの客からも苦情が出ていたし、彼のせいで店を辞めてしまった子もいる。なにより彼が来なくなったことで著しく店の空気がよくなったのである。

だが、平穏は長くは続かなかった。

店内で清水の姿を見たという女の子が出はじめたのである。

カウンターの前をトイレのほうへ歩いていった、入店してくるところを見たなど、一人、二人のいうことなら見間違いで済ませられるが、あの男を目撃したという声は頻繁《ひんぱん》に聞こえてくるようになった。のみならず、男性スタッフや店長、客の中にも清水の姿を見たというものが出はじめ、「清水は死んだのではないだろうか」——誰かがそういい出した。

みんな口にしなかっただけで、誰もがそう思っていた。そうでなければ、来店してもいない男が店内を闊歩《かっぽ》しているわけがない。

京都へ一緒に行った子がマイさんの身を案じ、しばらく一緒に住もうかと誘ってくれた。

「家に来ないともいいきれないよ。だってあいつあの時、確かに《練習》っていってた。練習があるってことは、いつかは《本番》もあるってことでしょ。あいつ死んでからも自分にワンチャンあると思ってるんだよ」

その言葉にマイさんは震え上がった。

マイさんはまだ店の中で清水の姿を見ていない。

いまのところは。

渋谷のっぺらぼう

大阪で音楽関連の仕事をされていたミィさんは、数年前に活動拠点を東京に移した。

この日は夜から渋谷のライヴハウスでイベントがあり、リハを終えて出番までの時間がかなりあるので、スタッフやバンドメンバーと食事をしに向かっていた。

だが、ただの食事ではなかった。

先日、メンバーのNが突然、脱退を申し出てきたので、その件について本人を交えての話し合いであった。

脱退の理由は同棲している彼のDV。以前から話は聞いていたが、ここ数ヶ月、毎日のように暴力が続いて危険な域に入ってきたので、田舎の実家に避難してから警察に相談するつもりなのだという。そうなると練習どころではなくなり、個人的な問題でバンドメンバーやスタッフに迷惑はかけられないので脱退の道を選んだ、ということだった。

そんな暴力男のために大事なメンバーを失うなんてありえない。ほかの道もあるはずだと一度、話し合うことになったのである。

スタジオを出て坂を下りていくと大きな工事をしており、ライトで周囲がまぶしく照らされている。

フェンスのそばに車が一台停まっており、その横を通った時に悲鳴があがった。

反射的に振り返ったミィさんは、キックボクシングジムで鍛えた拳《こぶし》を構える。よく強引なキャッチや怪しい勧誘が声をかけてくるのがこの街の特徴だ。スタッフもバンドメンバーもみんな若い女性なので、その手の輩《やから》に絡《から》まれたのかと思ったのだ。

だが、そばにはチャラ男も黒服もいない。きょとんとした表情のスタッフやバンドメンバーのなかに顔を引きつらせている二人がいる。今の悲鳴はこの二人のものだ。その視線は工事現場の横に停まっている車に向けられている。

「――え?」

悲鳴があがった。複数。

誰かが走り出す。つられてミィさんも走り、みんなで一斉に坂を駆け下りた。

どどどっと音が響くほどの全力疾走に通行人は何事かと彼女たちに視線を振る。

だいぶ離れたところで足を止め、振り返って坂を見上げる。

「見た?」

「あれなに？」

「ミィさんも見ました？」

ミィさんはたぶん、それとまともに目があった。

いや、目などなかった。

目どころか、鼻も口もなく、顔らしい形もしていなかった。

車の運転席に座っていたのは、歪《いびつ》な形の肉塊《にくかい》を首の上に載せたナニカだった。

顔はそんな状態なのに、耳はしっかりヒトのもので、あるべき位置にあった。その耳の位置や向きから、そのナニカがミィさんのほうを向いているのだとわかったのだそうだ。

のっぺらぼう——そんな言葉が脳裏《のうり》をよぎるが、あんなツルンとしたきれいな顔ではなかった。色の悪くなった古い肉をぐしゃぐしゃにしたような塊《かたまり》である。

幽霊を見たならまだしも、そんな妖怪じみたものが渋谷で車に乗っているわけがない。

次第にみんな冷静になっていった。

「テレビやない？　おなじようなドッキリ見た気するもん」

「スキンヘッドの人やない？　こうやって頭下げてスマホ見てたんかも」

「顔つぶされた死体なんちゃう」

答え合わせをしようとみんなで坂を上がって戻ってみたが、車はいなくなっていた。

そんなことも忘れていた、ひと月後。

結局、脱退して田舎に帰ってしまったメンバーのNから、グループLINEのほうに「DV彼氏と完全に切れた」という報告があった。

みんなが祝福し、いっそバンドに戻ってくれればと誘ったのだが、しばらくは無理だという。

別れ話をした日に彼氏から気絶するほど殴られ、まだ顔の腫れが引いていないんだと送ってきた画像は、渋谷で見たあの顔だったという。

禍《か》蝕《しょく》症《しょう》

「あの声と音を聞くだけで吐き気がし、気持ちが塞《ふさ》ぎ込んで、具合が悪くなってしまうんです。思い出すだけでもダメで。だから、こんなことはいいたくないけど、もう――」

その先を口にするのは躊躇《ためら》われたのか、李夕《りゆ》さんはうつむいて言葉を濁《にご》す。

彼女には今すぐにでも縁を切りたい幼馴染みがいるという。二年近く会っていないが、電話は週に何度もかかってくるらしく、その電話が大変苦痛なのだという。

最後に会った時の姿だという画像を見せてもらった私は言葉を失った。

どうして、このような〝惨《むご》いこと〟に……。

こうなってしまった経緯を詳しく聞かせていただいた。

幼馴染みの那海《なみ》は二十一歳の時にキャバクラで働きだした。

その後、借金で首がまわらなくなって風俗で働くようになるが、稼ぎの四割を店に取られるのが嫌という理由で、フリーで客を取るようになった。

おもに出会い喫茶を利用し、客と交渉してホテルへ。一時間ほどの接客を終えると喫茶に戻って、また客を取るということを一日に何度も繰り返していた。

「こんなことやめなよって説得したこともあるんですけど、自分はこれしかできないし、生活するためなんだって言われちゃったら、なんにも言えなくて。彼女の人生なんだから、彼女が決めればいいのかなって、その〝仕事〟のことには口出ししなくなりました」

ところがなにがあったのか、ある日から那海はパタリとこの仕事をしなくなる。その理由を李夕さんに語らなかったが、それからすぐだった。那海が拒食症になったのは。

急に自身の容姿にコンプレックスを抱くようになり、食事をほとんどとらず、見たことのないラベルの付いたペットボトルの水ばかりをがぶがぶ飲んでいた。気がつけば彼女の体は食べ物をまったく受け付けなくなっていた。

「一緒に現代アートの個展を見に行ったことがあるんですが――抽象的なんだけどすごく素敵な女性を描いたアートがあって、その前で那海が苦しそうな表情をしているんです。『どうしたの？　具合悪いの？　大丈夫？』って訊いたら、『生まれ変わったらこんなスタイルになりたい』って号泣しだして……。まわりの視線は、『へぇ～、絵を見て泣く人なんて本当にいるんだぁ～』って感じで、わたしは恥ずかしくてその場から逃げだしました。

そのあと那海はギャラリーの前の街路花壇《がいろかだん》で、喉《のど》に指を突っ込んでゲエゲエと吐いてるんです。でも、胃液みたいなものしか出なくって。そんな姿を見ていたら、このままだと那海はダメになっちゃうかもって絶望的になりました」

この病気のスイッチは深すぎて、一度入ってしまうと奥に奥にと押し込まれ、もとに戻すことは難しくなる。

那海の身長百六十四センチの限界体重は約四十キロだが、この時の彼女は三十四キロ。骨格の形状が皮膚越しにあらわになるほど肉が消え、筋力の衰えから歩き方が糸繰《あやつ》り人形のようにギクシャクとしていた。そんな体で十五センチのピンヒールをはいていたため、道を歩いているだけで転倒し、膝《ひざ》や肘《ひじ》が破けて血が止まらずに救急車を呼んだこともあった。

はじめは友人や周りの人たちが心配して声をかけていたが、日に日に変わり果てていく彼女の姿が怖くなり、ひとり、またひとりと彼女から離れていった。

「お願いだからごはん食べてよ。今の那海はきれいじゃないよ。みんな怖がってるよ」

もう「彼女の人生だから」と見過ごすことはできなかった。だから、周りがいいづらいことをはっきりと伝えた。拒絶や激高《げっこう》されることも覚悟していたが、意外にも那海はその言葉を真摯《しんし》に受け止め、少しずつでも食事をとる努力をすると約束してくれた。

その後、口だけでなく彼女は本当に努力をしたのだが、今度は「食べなくては」という強迫観念に囚《とら》われてしまい、一日五食、就寝前のどんぶり飯、ピザのLサイズ五枚をひとりでいく、箱買いしたパスタソースを三日で使い切るなど無茶な食事のとり方をしだした。

過食症である。

体重は短期間で六十キロを超え、顔の輪郭《りんかく》はどんどん広がっていく。そうなると周りから「急に太りすぎじゃない？」と心配される。

次はその言葉にとり憑かれ、食べては吐いてを繰り返す過食嘔吐になる。

一度は蓄えた肉も完全に削《そ》げ落ちてマッチ棒のような体となり、膝や肘の関節部を覆う皮膚が浅黒く変色して歪な瘤《こぶ》のようになった。彼女が動くたびに関節から軟骨《なんこつ》を削《けず》るようなごりごりという不快な音がしたという。

李夕さんが最後に本人から聞いた体重は三十二キロ――私が見たのはその当時の彼女

を写した一枚だった。化粧のベタ塗りで無理やり人の形をとどめた屍《しかばね》のようで、眼球が突出し、薄くなった唇のあいだから覗く歯は胃液で溶けたのかボロボロだった。

「どうして、こんなになるまでやっちゃうの？　那海はいったいどうなりたいの？」

とても見ていられなくなり、李夕さんは泣きながら問い質《ただ》したが、友の言葉を受けとる真摯さまで欠落してしまったのか、曖昧に返事をするだけで言葉は何ひとつ響いていないようだった。

声をかけ続ける気力を失った李夕さんは、このままでは自分もおかしくなりそうだったので、彼女と会うことを控え、距離を置くことにした。そうしなくても那海はもう外出できるほどの体力がなく、外で会うことが難しくなっていた頃であった。

会わなくなって三ヵ月ほど経っていた頃、那海から電話がかかってきた。

「数珠《じゅず》がわたしのことをうけつけないの」

近所に住む叔母が彼女の姿を見てショックを受けたらしく、「お守り」だといって色石の珠を連ねた数珠ブレスレットをくれたのだという。

叔母はなにかの宗教に入っており、そこで購入したものなのか、ただの石ころが入った巾着《きんちゃく》袋だとか梵字《ぼんじ》を刻んだ陶器の馬といった怪しい物をよく実家に持ってくるのだそうだ。

うさん臭くてとても嫌なのだが、数珠ブレスレットだけは連なる色石がとてもきれいだったので、少しだけ気に入って腕にはめてみたのだという。

すると、ぷつんとゴムが切れて、珠がみんな落ちてしまった。

このことを叔母に話すと、「それは深刻かも」と、すぐ別の数珠ブレスレットを持ってきてくれたが、叔母の前でつけた瞬間に糸が切れてしまった。

床に散らばる珠を這いつくばってかき集める叔母に、「あなた、これは相当よ？」といわれたという。

こうして四日間で七本の数珠ブレスレットをだめにすると、叔母は自分の入信している宗教の偉い人に那海を会わせようとしてくるので、それだけは断固拒否しているという。

「ねぇ……これ、神様にも見捨てられたってことだよね？」

彼女の嘆《なげ》きの後ろで、じゃらじゃらという音がする。

無駄になった数珠の珠を手でいじっているようだ。

「どうしたらいいとおもう？　宗教はダメだよね？　宗教の力になんて頼りたくないよ。

ねぇ、たすけてよ。ねぇ、李夕、おねがいだから、わたしのことをたすけてよ」

自分には助けることはできない、けど、こうして話を聞くだけならいつでもいいよと約束したのがいけなかった。

那海は週に何度も電話をかけてくるようになってしまい、それは今も続いている。

いつもスマホから聞こえてくるのは、救いを求める幽霊のような声と数珠の音。

たすけてぇ〜（じゃら……じゃら……）李夕ぅ〜おねがいぃ〜（じゃら……じゃら……）たすけてぇぇ〜（じゃら、じゃら、じゃら、じゃら）。

「もう限界なんです。たぶん、那海のほうも」

救いを求める那海の声は、日に日に弱々しくなっている。その声の後ろに聞こえる、じゃらじゃらという音は着実に大きくなっていて、今では彼女の声をかき消しそうなのだという。もう数えきれないほどの数珠ブレスレットに那海は拒否され続けているらしい。

那海から解放される日も近いかもしれない——李夕さんは確かにそういった。

黒異小譚《くろいこばなし》

ワタシヨ

鹿児島県知覧町《ちらんちょう》の民俗調査資料にあった、太平洋戦争下の話である。


軍人向けの下宿というものがあった。

兵営《へいえい》で規則と時間に管理されながら厳しい訓練に従事する彼らにとって、外出・外泊は束《つか》の間の休息であった。だから兵隊のほとんどは外出先で下宿をとって好きに寝たり食べたりし、疲れた心身を十分に休ませたのだという。

大村海軍航空隊に入隊したTさんは、下宿先で十七歳の娘と出会った。

彼女はTさんのことを、とても慕《した》ってくれた。

このように下宿先の家の娘と軍人が出会って親しくなるのは、当時は少なくなかった。

その出会いをきっかけに結婚するものもあったそうだが、Tさんはそうはならなかった。

終戦後、生きて郷里の土を踏むことが叶ったTさんは、それからの日々を平穏にすごしていた。

Tさんが夜釣りに出ていった、ある晩のこと。

家で母親が寝ていると遅い時間に誰かが訪ねてきた。

母親が「だれか」と訊ねると「わたしよ」と返ってくる。

親戚でも来たのだろうと思ったが、眠気に勝てなかった。来訪者を出迎えることなく、そのまま寝てしまったのだという。

翌日、母親は親戚たちの家へいって、昨日の夜、うちに来たかと訊ねた。

だがみんな「知らない」と首を横に振る。

この日は、昨晩に家を訪ねてきた女性が誰なのかわからなかった。

その数日後――。

Tさんの家に一通の手紙が届く。Tさんが下宿していた家からである。

手紙には、下宿先の家の娘が亡くなったと書かれていた。
Tさんの名前を呼びながら死んでいったと――。
あの晩、Tさんが夜釣りに出かけていなかったら。
彼女の声は本人に届いていたのだろうか。

ヨコザゴエ

鹿児島県薩摩郡に《ヨコザゴエ》という場所があった。
周囲が鬱蒼《うっそう》としている暗い峠で、峠の下には一軒茶屋があったといわれている。
その茶屋には時々、顔を真っ青にして駆け込んでくる人があった。
次のような記録がある。

Hさんという男性が、出水《いずみ》方面から帰っていた、ある晩のこと。
この峠にさしかかると、

「アネサン、マッチャイ」

後ろから、十代半ばくらいの少女の声が聞こえた。

「姉さん、待って」――そういっているのである。

振り返るが、べったりと塗りつぶしたような闇があるだけで少女の姿はない。

当然だろう。こんな時間に峠越えをする少女などいるはずがない。しかも、明かりも持たずに。いるとすれば、それは普通のひとではない――。

気がつくとHさんは無我夢中で峠を駆け下りていた。

やがて、明かりのついている茶屋が目に入り、安堵に息をつく間もなく駆け込んだ。

Hさんから話を聞いた茶屋の主人は、「長いことこの場所に住んでいるが、そういう声は一度も聞いたことがない」という。

ただ時々、Hさんのように血相を変えて駆け込んでくる人がいると話した。


峠越えをしていた二人の姉妹が暴漢に襲われ、妹が亡くなった。

そんな話もあるらしいが、昭和十一年の時点で《ヨコザゴエ》の正確な場所はわからなくなっており、検証は難しい。

凶猿《きょうえん》二話

次の二話は、鹿児島県川内《せんだい》地方を中心に調査された資料に見られる、昭和初期に採集されたものである。

【一話　白猿《はくえん》】

北西部にあった永利《ながとし》という村には、たいへん歳をとった白猿がおり、時々出没しては、その不吉な白き姿を人々に目撃されていたという。

永利在住の男性は取材に、この猿は自分の父親が子どもの頃からいたものだと語っている。

「最近では羽山《はやま》というところの田園の中を歩いていたそうです。実際に見たという人から聞きました」

この白猿が出ると、目撃された現場付近で人がころころと死んだそうだ。

この取材のあった前年にも件《くだん》の白猿は百次《ももつぎ》の浦田《うらだ》という場所に現れ、それにより五、六人が死んでいる。

狩人《かりうど》は祟りを恐れ、この白猿にはけっして鉄砲を向けなかったそうである。

【二話　扇子猿《せんす》】

西手《にしで》在住の男性によると二、三年前、「扇子を口にくわえた猿」が高江町《たかえちょう》の山に出没したという。

この猿が現れてから、村ではたくさんの死人が出た。

捕まえようと村人が追いかけると、この不吉な猿は宮里《みやさと》という地へ移動した。

すると今度はその土地で、とても多くの死人が出てしまった。

また人々に追われた猿は、次は隈之城《くまのじょう》の麓《ふもと》にある墓場、その後ろの山に住むのだが、そこでもまた、たくさんの死人を出した。

それから、扇子をくわえた猿はどこへ向かったのか。

その行方は杳《よう》として知れない。

騎馬戦

日本南島の民俗文化研究誌に記録された、二十年ほど前の話である。

鹿児島県の発注した大型水槽工事の作業員であったNさんは、沖永良部島《おきのえらぶじま》にある社宅で寝泊まりしていた。

当時、ここに滞在していた同僚は八名で、四畳半の部屋に二人ずつ泊まっていた。皆、この社宅内で奇妙な体験をしている。

ある晩、同僚の一人が夜中に目を覚ますと、見知らぬ人の顔が目の前にあった。

夢だろうと思って視線をそらし、また視線を戻すと見知らぬ顔はまだそこにある。

その顔は、じっと彼のことを見つめてきたという。

別の同僚は、社宅にいるはずのない見知らぬ子どもが、「おじさん」と呼びながら彼に寄ってきたという。

このような奇妙な話が同僚のなかで話題にのぼっていたが、とうとうNさんの身にも起きてしまう。

その夜、Nさんは金縛りに遭った状態で目覚めた。

だが、動かないのは膝から下だけである。

視線をあげると、部屋に異様な行動をとっている四人がいた。

騎馬戦の形に組んだ三人の肩に、鉢巻きをした裸の婆さんが乗って、Nさんのことをじっと見つめていたのである。

婆さんは裸体であり、色が黒いので首から下ははっきり見えなかったという。

この社宅の隣にはワッショと呼ばれる墓があり、付近にはたくさんの人骨が葬られている洞窟があった。Nさんは自分たちが目撃したものは丁重に葬られていない者たちの霊であり、この世に未練があって自分たちの前に現れたのだろうと考えている。

「ワッショ」とは、湾状に形成された海岸である湾門（ワッジョ）のことと思われる。「人骨が葬られている洞窟」は唐人の埋葬された風葬墓のことだろうか。

二股松

かつて薩摩郡に属していた下東郷村《しもとうごうむら》で採集された話。

高城村《たきむら》湯田《ゆだ》の県道の上に珍しい形の松の木があった。

高さは三十メートル以上、直径一メートル半ほどというから大松の類である。

この松の生えているところの地面には、かつて穴があいていた。

木が密生していて穴の中はよく見えなかったが、深さは二、三メートルほどであったといわれている。

いつから在るのか、なにかに利用されていたのか。

人工の坑《あな》か、自然にできた洞穴《あな》なのかもわからない。

わかっているのは、この穴がひとりの命を呑み込んだということ。

草刈りをしていた妊婦が誤ってこの穴に転落し、まもなく死亡したのである。

この不幸な事故の後、その場所に一本の松の木が生えてきた。

その形状は人の腰から下が逆さまに生えているようで、〝足〟の先には五本の指まで確認できた。

真っ逆さまに頭から転落し、暗い穴のなか、死ぬまでばたつかせていた妊婦の両足の如《ごと》き松の木は、ある夜は陰火《いんか》がとぼり、伐ろうと鋸歯《のこぎりば》を入れれば血を流したといわれ、薪《まき》にしようと考える者もなかったそうだ。

消された思い出

涼矢《りょうや》くんにとってゲームとはただの趣味ではなく、欠くことのできぬ生活の一部だった。食事や風呂など一日のやるべきことをすべて終わらせ、万年床《まんねんどこ》の上でボイスチャットをしながら仲間たちとオンラインの戦場を駆けまわる――これがなによりの至福の時だった。

彼にとって一日の本番はここからであり、仕事を含めたそれまでのリアルのことはすべて、この時間を有意義に過ごすための達成《クリア》条件でしかなかった。

数年前、そんな彼がついに彼女を作った。三十二年の人生で初めてできた彼女である。ゲームよりも大切な時間が自分のなかに生まれたのもこれが初めてだった。

三度の飯よりゲームが好きだった彼が、彼女が家に来ている時はコントローラーに一切触れないと心に固く誓ったのである。

交際は順調で、涼矢くんは青春期を取り戻すように彼女との思い出作りに励んだ。免許を取っても仕事以外では車に乗っていなかったが、これを機に軽自動車を購入、二人でドライブや小旅行に行くことも増えていった。

ゲーム仲間たちも大いに彼を寿《ことほ》いだ。涼矢くんが来られない夜は重要なクエストの進行を後回しにし、彼が参加できる日に集まって一緒にクリアするなど気遣ってくれた。

ある日、高難易度クエストを達成後のひと休憩中、涼矢くんはゲーム仲間たちからこんなことを訊かれた。

「そういえば、彼女さん来てるのに珍しいね。大丈夫なの？」

「おれも思った。彼女さん、怒ってない？」

妙なことをいうなと思った。この日、彼女は家に来ていない。

そう答えると、みんなが「え？」と同時に声をあげる。

「そんな……だって……」

涼矢くんの声の後ろで、ずっと女のひとの声が聞こえていたという。みんなてっきり、今夜は彼女が来ていて、彼の横でこのゲームを見ているのだと思い、会話の内容などに気を使っていたらしい。

「部屋に幽霊がいるんじゃない？」と冗談めかす仲間に、「本当にいま一人なんだから怖いことといわないでよ」と怒り気味に返した。その直後スマホが鳴った。彼女からである。

あまりに絶妙なタイミングに不吉な予感をおぼえながら《応答》をタッチする。

スマホから、ものすごい剣幕で怒る彼女の声が放たれた。

「そんなにわたしと写真撮るのがいやなら、はじめからいってよ！」

はじめて耳にする彼女の怒声に震えながら、なんのことかと訊ねた。

彼女の話によると——一週間前の旅行で撮った写真をアプリで共有しているデータフォルダに入れていたのだが、先ほど見たら、涼矢くんと彼女の二人で撮った画像だけが消えていたのだという。

確認すると確かに保存数がかなり減っている。しかも、旅先で撮った風景や食事などを撮った画像はすべて残っているのだが、二人が写っている画像、あるいは彼女のみが写っていた画像が一枚も残っていなかった。これでは彼女が怒るのも無理はない。

しかし当然、涼矢くんが消すはずもなく、スマホの削除履歴にもそのような記録はなかった。

しっかり説明して自分の潔白を訴えると彼女も信じてくれたが、二人の思い出はこの世から完全に消えてしまった。なぜ、こんなことが起きたのか、原因はまったくわからないが、涼矢くんには思い当たることがある。

ボイスチャットで仲間たちが聞いたという女の声である。

いらぬ疑惑が生じかねないので彼女にこのことは話さなかったが、彼女の画像だけが消えたことと関係があるような気がしてならなかった。

ゲームに戻ると、今あったことをすべて仲間たちに話した。

涼矢くんに好意を寄せている人の生霊《いきりょう》ではないか。彼女と関係のある女性の声だったのではないか。彼女自身の心の声なのではないか——など、様々な意見が出たが、あまりどれもピンとこない。

ボイスチャットにまぎれこんだ女の声は、なにを話していたのか。

仲間たちによると、声ははっきりと聞こえていたのだが、喋《せ》っていた内容を誰もおぼえておらず、へんな間延《まの》びした声で、ときどきケンケンと咳き込んでいたのだそうだ。

大好きな部屋

美容師をされている麻菜《まな》さんからうかがった。

以前はフリーでサロンには所属していなかったが、数年前に1Kのマンションの一室を借り、そこを個人サロンにして今も経営を頑張っている。

借りた当初は十分な広さだと思っていたが、コロナ対策で空気清浄機や感染予防パーテーションを設置したら手狭になってきて、もう少し広い場所に移転したいなと考えるたび、麻菜さんは悔しさを覚えるという。あの部屋が開いていたら、と。

向かいの205号室。

本当ならそこは、麻菜さんの部屋になっていたかもしれなかったのだ。

だが、今その部屋には二人の男性が住んでおり、これがたいへん迷惑な住人であった。挨拶をしても無視され、ゴミ出しの曜日はまったく守らず、回覧板をドアノブに掛けておいても次に見ると共有廊下に落とされている。それだけなら人付き合いの苦手な人たちなんだろうで済む話なのだが、問題は毎日のように部屋から発される騒音であった。

夜の十時ちょうど。205号室から怒鳴り声や早口にまくしたてる声が聞こえだす。初めの頃は口論でも始まったのかと思ったが、毎日同じ時間に始まるのも奇妙であった。しかも、冬でもドアストッパーを噛ませて五センチほど常にドアが開けてあるので、声はただ洩《も》れでフロア中に大きく響きわたる。怒鳴り声の後には街宣車《がいせんしゃ》ががなり立てる演説のような声や号泣するような叫びが聞こえてくることもある。

何度、警察に通報しようと思ったかわからないが、逆恨みが怖くてできなかった。他の部屋の住人もおそらく同じ気持ちなのだろう、苦情のようなものも入った様子はなかった。

彼らが住む前、この205号室には照島《てるしま》さんという五十代の女性が住んでいた。麻菜さんがフリーの頃に働いていた美容室の得意客で、その人自身、美容系の店のオーナーであった。

その後、同じマンションの向かいの部屋に麻菜さんが個人サロンを構えたと知ってからは、月に二度、ヘアセットや髪染めに来てくれる一番の得意客となり、食事に誘ってくれたり、誕生日にプレゼントをくれたりと、ずいぶんかわいがってもらっていたという。

そんな照島さんは、自分の住むこの205号室への愛着をよく口にしていた。

「居心地がいいから、すごく気に入っていてね、もう十五年も住んでいるの。部屋のオーナーとも仲がよくなって、家賃も少しだけど安くしてもらっちゃった。ほんとはね、同じところに長く居続けると運の流れが停滞するっていうから、引っ越しも何度か考えたんだけど、ムリ。他にここを離れる理由がないんだもの」

麻菜さんは一度、部屋の中に入れてもらったことがあった。1LDKの部屋は内装や家具に照島さんのこだわりが見られ、まさに彼女の小さな城だった。

「わたしがここを出たら、麻菜ちゃんが借りなよ。お店、大きくしなって。家賃は今のままで借りられるように話をつけておくから」

ありがたい申し出だった。店を大きくしたかったが、他でテナントを探すとなるとその場所次第では、それまでついてくれた客が離れることもある。だからできれば、同じマンションの部屋が空いてくれないかなと思っていたのだ。それが叶《かな》えば今のサロンを住居にし、出勤時間は五秒である。

だが、それは叶わなかった。

ある日、店に照島さんの弟という方から連絡があった。

麻菜さんの店の予約が入っていたようなのでキャンセルしてほしいという。

どうして彼女の弟が連絡を？

悪い予感がし、なにかあったのかと訊くと「姉は先日、外で倒れ、今は入院中なんです」とのことだった。

「いつも、たいへんお世話になっています。容体がおちつかれましたらぜひお見舞いにうかがいたいのですが」と入院先を訪ねたところ、丁重に断られてしまった。今は意識がなく、おそらくこのまま目を覚ますことはないと家族は覚悟をしている。でももし回復することがあれば、その時は姉から必ず連絡をさせるという。

その日が来るのを待っていたのだが、照島さんからの連絡はなく、弟の電話のあった日から約二ヵ月後、205号室の表札から照島と書かれたパネルが外されていた。

それを見てもまだ信じることができなかったが、『ホットペッパー』のサイトから彼女の経営していた店の名が消えているのを見て、亡くなったのだと認めざるを得なくなった。

それからすぐだった。あの迷惑な二人が205号室に住んだのは。

このマンションの前には大きな坂がある。

ある日、自転車を引いてこの坂を上がっていると、坂の反対側を照島さんが歩いていた。

驚いて呼びかけたが、聞こえていないかのように彼女は歩みを止めなかった。

道路を渡って反対側に移動し、そばで呼びかけるが反応は変わらない。麻菜さんのことを見ようともしなかった。

よく似た人だろうか――いや、これは照島さんだ。いつも着ていたお気に入りだという白いカーディガン、ショートカットの髪、ほりの深い顔。どこから見ても本人だった。

実は今まで入院しながら治療をしていて、やっと退院して戻ってこられたとか――。

でも、もしそうなら連絡のひとつもくれそうなものである。

患《わずら》っていたのが脳の病気で、その影響で記憶を失っているのかもしれないとも考えたが、そんな状態の彼女をこうして一人にするだろうか。

呼びかけても反応はなく、追いつこうと足を速めてもなぜか距離が縮まらない。

やはり、彼女はもう亡くなっているような気がする。

では、ここにいるのは――大好きなあの部屋に帰ろうと戻ってきたのかもしれない。

だが、あの部屋には不気味な住人が住んでしまっている。その現実を知ったら、とても悲しい思いをするに違いない。

照島さんはマンションの横を通り過ぎると、麻菜さんに背中を見送られながら、そのまま坂を上がっていった。


その日の夜、麻菜さんはサロンで帳簿をつけていた。

205号室からいい争うような声が聞こえてきたので、見ると時間は十時ちょうど。いつまでこれが続くのかと辟易《へきえき》した。

今夜はいつにもまして二人が壊れていた。犬のように吠えたかと思えば、号泣の声に変わり、それが読経《どきょう》のような抑揚のない不気味な声になって絶叫に変わる。感情が混然としており、いつもより異常さが増して不気味だった。

そろそろ本格的に引っ越しを考えなければと考えていると、
ぱさぁ――ぱさぁ――

砂をかけているような音がする。

背筋に冷たいものが走る。麻菜さんの部屋の玄関ドアになにかをされているのである。

騒音被害は彼らが来てからずっと続いていたが、自分の部屋に対して直接なにかをしてきたことはこれまで一度もなかった。それが始まってしまったとなれば、こちらも対応を変えねばならない。

自分が標的にされているのだとわかると身震いするほど怖いが、どうしてこんな目に遭わなければならないのだと次第に怒りのほうが勝《まさ》ってくる。

「なんですか、なにしてるんですか、警察呼びましょうか？」

玄関ドアの向こうが静かになった。

しばらく待ってから、なにをされたかを確認するため、警戒しつつドアを開けた。向かいの部屋のドアは閉まっており、麻菜さんの部屋の前には白い粒状のものが大量にちらばっていた。

翌日、「はらってあげました」と殴り書きされた怪文書が新聞ポストに投げ込まれた。

毎晩の騒音の原因は、照島さんかもしれない。

彼女が、大好きな部屋を汚す彼らを毎晩、脅かしに行っていたのだと考えると胸がすく思いだが、追い出すまでには至らぬようで、彼らはしぶとく今もまだ住み続けている。

怪文書の意味と麻菜さんの部屋のドアに塩をかけた理由はわからないままだ。

獣が臭う家

衣奈《えな》さんの友人サナエの実家はゴミ屋敷だった。

中学時代からの友人で昔から家にもよく行っており、その頃から玄関やベランダにはゴミの詰まったポリ袋の山、シンクには汚れた食器類の山、洗濯機の周辺には洗っていない衣類の山――ゴミの山脈であったという。

家の中はどこにいても獣《けもの》臭く、頭痛をおぼえるほどの濃厚な臭いが満ちていた。

衣奈さんはこの臭いをどうにかしてほしくて、発生原因を見つけようとサナエを何度も促《うなが》した。グレイという名のオスのシュナウザーを飼っていたが、犬のものではなく、またゴミや溜まった洗濯物の臭いとも違う。きっとネズミの巣でもあるのだろうと台所や押し入れの奥を二人で探したが発見には至らない。

おそらく畳や壁に染みついている、家そのものの臭いなのだろうとサナエはいう。

そんな彼女も我が家ながらこの臭いにまったく慣れないようで、自分の部屋にだけ消臭剤をいくつも置いてファブリーズもまいていたそうだが、それでも家の臭いが勝ってしまうのだそうだ。

家もすごいが、そこに住む家族もかなり濃い人間が揃っていた。

父親は暴力団事案を扱う警察関係者で、何十年と不倫中。家族に不倫を隠すつもりが一切なく、娘たちを連れて外食に行く時には決まって相手の女性を呼びつけて大盤振《おおばんぶ》る舞《ま》い。一方、ゴミ屋敷で留守番をさせている妻には、家のローンの金とギリギリの生活費しか渡さない。

その妻は重度のアルコール依存症で、アルコールが切れるとヒステリックになり、酒欲しさにローンの金や生活費にまで手を付ける。結局、いくらもらっても生活できなくなるのでバイトをしていたのだが、コロナで勤めていた店が潰れて無職になってからは「金」と「酒」しかいわなくなり、自然に酒が湧《わ》くと思っているのか空の酒瓶《さかびん》を未練がましく覗き込む日々を送っていた。

母親以上に金に困っているのは妹で、男に貢《みつ》いで作った多額の借金を返済するため風俗に勤めたはいいが、トラブルメーカーゆえに店を転々としており、稼ぎはほとんどない。

そんななか、長女のサナエは、自分だけでもしっかりせねばと数年前に実家を出た。

この時、グレイも連れて行った。

母親は酒が切れるとケージを蹴ったり、煙草を投げつけたりとグレイに八つ当たりをするし、そのせいでグレイは人に吠える癖がしばらく治らなかった。妹は妹で客からもらったティーカッププードルを飼育放棄で死なせているので問題外。こんな二人のいる家にグレイを残しておくことなどできなかった。

だが、サナエは母親と妹も放ってはおけなかった。二人に生活能力は皆無、放っておけば野垂れ死ぬ。とはいえ普通の会社の稼ぎでは二人の面倒までみることは不可能なので、彼女はキャバクラで働き、ほかにバイトを三つ掛け持ちしていた。

毎日、疲れ果てて帰ってくると、タイミングを見計らったように母親や妹から金を無《む》心《しん》する電話がかかってくる。渡さないと家まで来るので帰ってもらうために金を渡す——。

この地獄のような日々で唯一の心の救いはグレイであった。

抱きしめながら一時間くらい泣いたこともあったという。そのあいだ彼はじっと動かず、サナエのそばにいてくれる。彼がいなければとっくに正気を保《たも》っていられなかったと、サナエは涙ながらに衣奈さんに話したそうだ。

そんなサナエにとって、もっともつらい日がやってくる。

「どうしよう、グレイが死んじゃう」

ある日、サナエが取り乱した様子で動物病院から電話をかけてきた。

すぐにタクシーで向かうと、サナエが診察台に横たわるグレイに突っ伏して泣きじゃくっていた。

死因は老衰――持病はいくつかあったが、検査や治療は十分すぎるほど受けていたし、常に最適の環境を彼のために作っていた。それゆえ、病は最後までひとつも悪化せず、担当医は「平均寿命を超えて見事に生ききった」とサナエの献身に感服《かんぷく》していた。


火葬はペット専用の業者に頼み、サナエのマンションに来てもらった。

衣奈さんもグレイにお別れをしようと仕事を休んで葬儀にいくと、そこに母親と妹も来ていた。

移動火葬車の火葬炉の前にみんなが集まり、その中央に動かなくなったグレイが台に寝かされていた。サナエは号泣している。唯一の心の支えを失った彼女の胸中は察するに余りある。かける言葉もなく、衣奈さんも涙が止まらなかった。

その横で母親はへらへらと笑っていた。

「あーあ、死んじゃったあ」

笑いながらサナエの顔を覗き込むと今度は表情が一変し、「辛気臭《しんきくさ》い顔すんなっ、わたしくらいあんたも元気出さなきゃあかんやろ！」と激高する。

妹はなんの感情もない表情でぼんやりとスマホを見て、たまに大欠伸《おおあくび》をしている。

この二人にはまともなヒトの感情がないのかと衣奈さんは気分が悪くなる。

ぷん、と臭った。

サナエの実家で嗅ぐ、あの獣臭さである。

だが、ここは実家とは数駅離れたサナエの住むマンション、しかも外である。

母親と妹が臭いを連れてきたのかと気分がますます悪くなった。

「それでは最後のお別れを」

火葬の準備が整ったことを業者の人が告げると、ポポン、と音がした。

母親がスマホで動画を撮り始めた音である。

突然、妹が泣き崩れる。

「いかないでぇぇ、グレェエエイ、いかないでよおぉぉ」

天を仰《あお》いで叫ぶとイヤイヤと首を振り、地面を両手で叩く。

その様子を撮る母親が妹の肩に手を置き、

「大丈夫だから、グレイは天国にいくんだから」

「いやだぁ、いかないでぇぇぇ」

「泣いちゃダメ、強くいなさい」

衣奈さんは呆然とした。目の前で急に、母親と妹による安っぽいドラマが始まったのだ。なにが起きているのか初めは理解できなかったが、彼女たちが「愛犬の死に向き合う親子の美しいドラマ」のために演技をしているのだと気づくとゾッとした。

衣奈さんは、獣臭さが一層強くなっているのを感じていた。臭いの元はやはり母親と妹だったのである。彼女たちの大袈裟《おおげさ》な身振り手振りで獣臭さが拡散されているのだ。

火葬をするためトラックがいったんこの場から去ると、ポポンと音がした。動画の撮影を終えたのである。

その瞬間、地面に泣き伏していた妹はスッと立ち上がり、

「おなかすいた、焼き終わるの、何時だって？　え？　そんなかかるの？　じゃあ、とりあえずウーバーしようよ。サナエ、ウーバー頼んで」

「ご飯食べても時間がけっこう余るわよ。昼飲みする～？」

妹と母親はもうグレイのことなど頭になかった。

グレイを火葬しているあいだ、サナエの部屋で食事をとった。母親と妹は缶酎ハイとワンカップを呷《あお》りながら、相変わらず異様なテンションで狂った会話をしていた。

衣奈さんはひと口も喉を通らなかった。

獣臭さが耐えられないほどに強くなっていたからだ。

母親と妹が来るまで、サナエの部屋は白檀《びゃくだん》のデュフューザーの良い香りがしていたが、この時はまるで畜舎《ちくしゃ》にいるようだった。

気がつくと母親と妹がいい合いを始めていた。

だんだんどちらの口調も乱暴になっていくので「二人とも飲みすぎ」とサナエが仲裁《ちゅうさい》に入ろうとするが、二人の会話はだんだん嚙み合わなくなっていき、どちらも呂律《ろれつ》がまわらなくなっていった。鼻梁《びりょう》に皺《しわ》をつくり、歯を剥きだし、言葉のあいだに低い唸《うな》り声が入る。先に母親が妹にとびかかり、取っ組み合いの喧嘩がはじまった。

摑み合いや殴り合いではなく、腕や肩に嚙みつき、体の上にのしかかり、獣の縄張《なわば》り争いを見ているようだった。

取っ組み合いは五分ほど続いただろうか。

二人は飛び退くように離れ、何事もなかったかのように中断していた飲みを再開した。

サナエはテーブルを両手で叩いた。

「衣奈もいるのに、二人ともやめてよ！　野良犬みたいじゃん……」

同時にサナエに向けられた母親と妹の顔は、目は充血して赤く濁り、口の端からは唾液がだらだらと止めどなく垂れ流れていた。

衣奈さんはキッチンにサナエを呼び出し、あの二人は病院以外のところで見てもらったほうがいいと勧めた。あれは絶対、何かが憑いていると。

「わたしもそう思う。実はね――」

ここ最近、実家で何種類かの犬の毛を拾ったのだという。妹に訊くと友だちが連れてきた犬のものだというのだが、妹には家に来るような友だちはひとりもいないはずだ。

家の中は調べたが、落ちている毛以外は見つからない。生ごみに出してしまっているかもしれないが、念のため今度、庭の土を掘ってみようと思うから、その時は一緒に立ち会ってもらえないかと頼まれた。

衣奈さんはまだ、その返事ができていないという。

濁声《だみごえ》

その日、大久保《おおくぼ》家のテーブルには例年通り、奥さんが腕をふるった豪勢《ごうせい》な食事が並んだ。娘・ひかりさんの十六歳の誕生日である。

十二月二十四日、クリスマスイブでもあるので連日のパーティーとなる。小学生の次女と三女もいるのでにぎやかな二日間となるのだが、その初日であるこの日、ひかりさんに笑顔は見られなかった。数日前に親しい友人が急逝《きゅうせい》していたからである。

ショックでひかりさんは訃報《ふほう》のあった日から眠っておらず、ここ数日は爪を見つめてぼんやりとしていた。

水以外は喉を通らない様子なので――今日は祝い事どころではないだろう、せっかく料理を作ってもらったがパーティーはひとまず延期にして、また気持ちが落ち着いてからあらためてやってはどうかと父親は娘を気遣った。だがひかりさんは首を横に振ると「こんな日だからこそ、いつも通りにすごしたい」という。

本人がそういうならとパーティーを続けることになったが、どういうわけか、いろいろなことがうまくいかない。

ビデオカメラをまわすと電源を入れた直後に落ちてしまう。ろうそくに火をつけたそばから、息を吹きかけられたように消える。リビングの照明を消すと隣の部屋のテレビの電源が入る。誰も触れていないのにピアノが鳴る――ひとつひとつは些細なことだが、そのたびにパーティーは中断され、ただでさえ重い空気だったのに、どんどん娘たちの表情が曇《くも》っていく。

なにかが起きていることに、みんな気づいていた。だが、つとめて気づいていないふりをしていた。少しでも明るい空気にしようと次女と三女が即興のダンスを披露するが、この日に限って動きが滑稽《こっけい》で不気味だった。

「もう一度、歌おうか、もっと元気よく」

ぼんやりしているひかりさんを囲んで、二度目のバースデーソングの合唱がはじまる。

はっぴばーすでー、とぅーゆー、はっぴばーすでー、とぅーゆー

はっぴばーすでーでぃあ――

ひがあありいい

次女と三女の歌声が同時に男のように濁《にご》った。

黒異小譚《くろいこばなし》

海恨の火

戦後間もない頃に沖縄県与那原町《よなばるちょう》で噂になったという。

南城《なんじょう》市の馬天《ばてん》沖に出漁中の船が、大量の材木が流れているのを発見した。

戦前は旧日本海軍の貯炭場《ちょたんじょう》であった馬天港、戦後は物流の要所として盛んに船舶の行き来があった。海上に浮きつ沈みつしている大量の大木をそのままにしておくのは危険であり、仕事の妨げにもなる。

漁師たちは船を停め、材木をすべて引き揚げて船に積み込んだ。

その作業中、材木を括《くく》っていたロープがブツンと切れて、せっかく積んだものがみんな海に落ちてしまった。

その時、とっさに動いたのが、いちばん年下だった青年漁師であった。海に飛び込んで、落ちた材木を集めようとしたのである。

だが、その日は時化《しけ》――海はひどく荒れていた。

飛び込んだ青年漁師はそのまま行方不明となり、三日後に死体があがった。

その後、この青年漁師が自宅に現れるようになった。

彼は門前にうずくまっており、人が来ると口から火を吹きつけたという。

現れるのは決まって、月夜の晩であった。

開かずのトイレ

ある小学校で起きた、昭和十一年の出来事である。

小学五年生のHさんはその日、掃除当番だった。

男子たちはズルをして帰ってしまったので、Hさんを含めた女子六人だけで教室、校庭、トイレの掃除をしていった。

終わったのは空が赤らむ夕方。Hさんは仲の良いKさんと二人で、校庭の端にあるごみ捨て場へ集めたごみを捨てにいった。

途中、もよおしてきたHさんは、Kさんに待っていてもらってトイレに走った。掃除したばかりの東側トイレは使いたくなかったので、少し遠いが西側トイレへと駆け込んだ。

ところが、ひとつしかない個室トイレは扉が開かない。

ノックをするが返事はなく、様子をうかがってみたが中に人のいる気配はない。

内側の閂《かんぬき》が壊れて引っかかっているのだろうか。

片足を壁に掛けて両手で取っ手を引っぱり、なんとか開けようとするが、びくともしない。我慢が限界なので、しかたなく東側トイレへいった。

無事に用を終えたHさんは、開かなかった個室トイレのことが気になり、戻って試してみたのだが、やはりなにをしても開かない。なかば意地になっていたHさんは、校庭に待たせていたKさんに事情を話して二人で西側トイレへ向かった。

だが、先ほどとは状況が大きく変わっていた。

さっきまで閉まっていた個室トイレの扉が開いている。

あんなに、なにをしても開かなかったのに——Hさんは不思議な気持ちでトイレの中を覗き込んだ。

真っ白なドレスが立っていた。ドレスを着た人ではない。手も、足も、首もない。人が着ているように、そこにドレスだけが立っているのである。

二人は転がるように逃げ出し、教室に残っていた四人に先のことを話した。

はじめは信じていない様子だったが、あまりにHさんたちが怖がっているので二人が見間違えたなにかがあるのだろうと、それを確かめに四人は西側トイレへと向かった。

Hさんとkさんは怖いので校庭で待っていた。

しばらくすると、西側トイレのほうから絶叫があがった。

ほぼ同時に四人が校庭に飛び出し、走って向かってくる。

一人は腰が抜けたのか負《お》んぶされ、一人は校庭を這うようにしてこちらに向かってくる。

——異様な光景であった。

飛び出るほど目を見開き、顎が落ちるほど口をあけて喚《わめ》きちらす四人の姿に恐ろしくなったHさんとKさんは、四人を置き去りにして逃げ出してしまった。

沖縄県平良《ひらら》市（現・宮古島市）のタウン誌に見られる、六十二歳の女性から採集された話である。

ヌーメヤー

一九七六年に沖縄市在住の七十一歳女性から採集された話である。

「アガリトンチジョウ」という家の前の家《ヌーメヤー》で、ひとの泣く声が聞こえた。そこは子どものいる家である。

どうしたのかと心配して家のなかを覗くと、家のひとたちはみんな笑っている。なんだ、聞き違いかと離れると、やはり、泣いている声が聞こえる。

それからまもなく、その家の子どもが死んだ。

「アガリトンチジョウ」は屋号とのことだが詳細は不明。

ソバルユマタノマユ

沖縄県宮古島の八十一歳の女性から採集された、大正五年の話である。

宮国という集落では旧盆に盛大な綱引き行事が催される。これは豊作・豊漁祈願の行事で、市の無形民俗文化財に指定されており、各町から大勢の人たちが集まったそうである。

付近の集落の人々は盆の送り火を済ませた後、隣近所で声を掛け合って宮国まで歩いて見に行き、明け方近くに帰ったものだという。

この綱引き行事を一人で見に行った小学校の男性教諭がいた。

彼は明け方、真っ青な顔で家に帰ってきた。

明らかに尋常ではない様子に、なにがあったのかと家族が訊くと、まるで幽霊でも見たような表情で男性教諭はこのように答えた。

「ソバルユマタで、マユを見てしまった」

——ソバルユマタという辻《つじ》がある。ユマタとは四辻のことだが、そこは「イツマタユマタ」とされているので五辻と思われる。この辻は「出る場所」として地元では知られており、昼間でも近づいてはならぬと、どの家の子どもも親から教わっていた。それゆえ、この辻をどうしても通らなくてはならない時は、たとえ親と一緒であっても子どもは目をつむっていたという。だが男性教諭が見たというものは——。

「マユを見てしまった。だから、自分はもうすぐ死ぬ」

そう家族に告げると男性教諭は高熱を出し、一週間後にポックリと亡くなってしまった。歌がうまく、とても優しい教師であったという。

彼が見たという《マユ》とは宮古の方言で「猫」のことである。

男性教諭を恐れさせ、死に至らしめた猫とはいったい——。

日本刀を振りまわすわけ

大阪府M市のとある神社に、日本刀を持った身長百八十センチほどの男が現れる。

本名不明。固定の呼び名はあるが、それだけで特定できてしまうので、ここでは仮にキョウジとする。推定年齢は四十代後半。真夏でもダウンジャケットを着こんで、汗だくで日本刀を振り回している。

どこから見ても危険人物だが、彼が人を襲ったという話は聞いたことがない。

日本刀を振り回すのは、人のいない時間帯の神社でのみだからなのだが、だからといって許される行為ではなく、目撃されたら当然のごとく通報され、銃刀法《じゅうとうほう》違反で彼は捕まる。

だが、しばらくするとキョウジは日本刀を持って神社に復活する。だからまた日本刀を振り回し、通報され、警察に連行される——その繰り返しであるという。

身元を引き受ける人間がいるようには思えず、彼の罪がどのように処置されているのかは近隣住人たちの謎だった。どこから現れ、どこへ消えるのかも不明である。

わからないこと尽くしで都市伝説の怪人のようだが、少なくとも彼はコロナ前までは存在を確認されていた。

キョウジがこうなってしまった原因は、一説によると彼の住んでいた家の土地のせいだといわれている。彼の住んでいた家が建つ前、その土地には家族経営の町工場があった。

妻が首を吊ってから夫がおかしくなって息子と無理心中をはかったが、息子は当時、中学生、父親よりも背が高かった。激しく抵抗されたことで心中をあきらめ、父親は近くの公園の公衆便所でひとり首を吊ったのである。

その後、町工場はなくなり、土地は一度、更地になってしばらく空き地のままだったが、やがて立派な家が建つことになる。それがキョウジの家である。

彼には妻も子もいたといわれているが、今はどこにいるのか、生きているのかさえもわからない。キョウジの家には今、彼とは縁もゆかりもない別の家族が住んでいるらしく、彼が今どこに住んでいるのかを知る人もいない。

彼について唯一わかっているのは、日本刀を振りまわす「理由」である。

彼と一対一で会話をした人物がいる。

この話を聞かせてくれたのはM市在住の四十代男性で、以下はその貴重な証言である。

「健康診断の血液検査でいろいろ引っかかってもうて。それ以来、健康のためにと毎朝、近所を走ってたんですけど、三日坊主なんで飽きないように工夫せなって、ちょいちょいコースを変えてたんです。神社のほうは坂が多くてしんどいんで、いつもは行かへんのですが、その日はたまたま、こうなんていうか、むちゃくちゃ走りたいわぁってそんな気分で、ええ——仕事でムカつくことがあって、くさくさしてたんですよ。坂をおもっきり駆け上がりたい、そんな気分だったんです。

ついでにお参りでもしとくかって、神社に寄って、そしたら、キョウジがいたんです。

その時ですか？　いや、日本刀は振りまわしてませんでしたけど、もう振りまわした後やったんかな、階段のところで休んで座ってたんで、つい話しかけてもうたんです。

そういう気分やったんです。

おい、キョウジ、日本刀なんか振りまわして、どういうつもりなんや！　あぶないやろって。そしたら、なんて返ってきたと思います?

『ここに危険な女がおるから、追い払っとるんや』って。そんなんどこにおんねんって半笑いで訊いたら、『そこにおる』って。そこってどこって見たら、神社の建物のところにほんまに女の人が立ってたんでびっくりして、ああ、ほんまやって言いながら逃げてまいました。あれ、幽霊やったんかなって今も気になってます。──キョウジですか?

さあ、最近は噂も聞きませんけど」

証

怪談の中で起こる〝現象〟を人が知覚するのには「視る」ほかに、「聞く」「触れる」があり、その中でも「嗅ぐ」ことにより知覚されたものは体験者の中で鮮明な記録として残されているように思える。

次の話は、このような記憶のされ方もあるという一例である。


数年前の夏、都営地下鉄S駅から乗り込んだ山本さんは、その臭いにすぐ気づいた。〝彼〟が乗っているのだ。

年に何度か、この車両内で見かけるひとりの老人である。

ニット帽を目深《まぶか》にかぶり、アメフトのチーム名の入った黄土《おうど》色のジャンパーを着て、ニッカポッカをはいている。例えようのない異臭を放っており、その発生元は間違いなく、なにもはいていない足であった。

なにをするというわけでもないのだが、老人が座る座席付近には誰も座らないし、同じ車両に乗り合わせた人たちは等しく険しい表情で彼に嫌悪の視線を向ける。そんな周囲の反応にも頓着《とんちゃく》がないようで、居住《いず》まいなども堂々としたものであった。

半年ぐらい見なかったが、本人も臭いも健全なようだ。臭いは以前よりも強烈になっている。

わざわざ車両をかえるのも面倒だが、さすがに本人からは離れておこうと位置を確認するために目で探すが、もう降りた後だったのか老人の姿は車内になかった。

主《あるじ》はなくとも置き土産《みやげ》の臭いは薄まる気配はなく、いよいよ吐き気をもよおしてきたので隣の車両に移動しようとするが、ふと違和感をおぼえる。

この耐え難い臭いのなか、乗客たちは平然とした顔で座っている。

鼻を押さえている人もなく、眉間に皺を寄せ、不審げに視線をさまよわせる人もいない。いちばん過敏に反応しそうな女子大生らしきグループなどは、眉ひとつ動かさずにスマホをいじっていた。

その夜、布団の上に寝そべってスマホアプリのパズルゲームに興じていた山本さんは、急にぞくぞくと悪寒を感じた。夏風邪でも引いたかと、そばにあったタオルケットを掴んで引き寄せた時、「え?」と固まった。

今日嗅《か》いだばかりの、都営地下鉄線の老人の臭いがするのである。すぐそばに〝源〟があると感じる強さの臭いで、悪寒と相まって山本さんに強烈な吐き気をもよおさせた。

視界の右側で、枕元から足のほうへと移動する蛇のようなものが見えた。すぐに目で追うと、足の裏を上に向けた人間の片脚がずるずると引きずられるように部屋の奥へと消えいった。それは成人の太腿《ふともも》から下で性別は不明、死人のように生白《なまじろ》い肌をし、ふくらはぎの筋肉の隆起《りゅうき》がしっかり確認できた。

臭いは時間をかけて部屋から消えていったが、最後まで残ったのはえずく度《たび》に逆流してきた胃液の苦みであり、この味の記憶が「あれは夢ではなかった」という証となっているのだという。

絡新婦《じょろうぐも》

悪辣《あくらつ》な「化け狸」の伝説があるという某町を取材で訪れた日のこと。

狸が悪さをしたという峠《とうげ》には、かつて狸封じの地蔵があったそうなのだが、現在はゴルフ場になっており、行っても見るものはなにもないとわかっていた。

それでも伝承の名残らしいものがなにか見つかればと、早朝からレンタル自転車でゆるゆると周辺を巡っていたのであるが、目に入るのは国道沿いで砂煙《すなけむり》をあげている工事現場と平坦地ばかりで、狸の「た」の字もない。宿に戻ろうかと考えたが、この近くにもう一件、気になる逸話《いつわ》のある場所があったことを思い出した。


地元のスポーツクラブに勤める男性から、ゴルフ場の近くに「丑《うし》の刻《こく》参り」が目撃された場所があるという話を聞いていた。昔からある言い伝えというわけではなく、彼の友人がその場所で「真夜中に釘を打つ女性」を目撃し、気づかれて追いかけられたという怖い体験をしていたのである。

「詳しい場所は聞きそびれちゃったけど、ゴルフ場の近くってことは確かだよ」

時間があれば目撃現場を探してみるのも面白かろうと思った。呪詛《じゅそ》の痕跡でも残っていれば撮っておきたい。

場所はわからないそうだが、藁《わら》人形に釘を打つならご神木《しんぼく》であろう。近くに神社があるかもしれないと宿泊先の主人に訊ねたが、ゴルフ場付近に神社はなかったはずだという。

――ならば「それらしい木」を探すしかないかと国道を自転車で走っていると、トンネルが見えてきた。その横に鳥居と長い石階段がある。

なんだ、あるじゃないか――しかも、なかなか大きい神社のようだ。ここに五十年以上住んでいる宿の主人が、この神社の存在を知らなかったのは意外だった。

ここが「真夜中に釘を打つ女性」の目撃現場なら、目撃者は「神社で見た」という情報を第一に入れそうなものだ。それが「ゴルフ場の近く」という曖昧な場所指定になっているということは、現場はこの神社ではないのかもしれない。なんにせよ、せっかく見つけたのだから写真くらい撮っていこうと、長く急な階段を上がっていった。

階段の途中、黒いひらひらしたものが私の行く手を遮《さえぎ》った。

黒い蝶《ちょう》の群れだ。十頭以上いる。

遠目に見ると黒いビロードの幕が揺らいでいるように見えた。

ひじょうに緩慢《かんまん》な飛び方ゆえ、翅《はね》の形状がよくわかる。たいへん珍しい種類だと思われるが、私は一度だけこの蝶に出会っていた。

数年前、とある島へ行った際に手違いがあって「入ってはならない場所」に案内されたことがある。そこはジャングルをくり抜いたような場所で、突き当たりに半畳ほどの「拝所《はいしょ》」があった。線香を焚いて拝む場所である。その「拝所」のまわりにだけ、「生きている黒煙《こくえん》」のようなものが蠢《うごめ》いており、それは数十頭の黒い蝶だった。

その場所が、一般の人が入ってはならない聖域《せいいき》だと知ったのは、旅から帰った後であった。地元の関係者から急きょ島に呼びだされ、拝所の入り口で平伏して聖域に謝罪した。それでも若干名が「罰」ともとれる命にかかわる不幸に見舞われている。

その時に出会った蝶がいま、目の前で行く手を塞《ふさ》いでいる。

禁足地《きんそくち》――その言葉が脳裏をよぎったが、この時の私に引き返すという選択はなく、こわごわと蝶のあいだを通っていった。

境内《けいだい》の石畳には黒い甲虫《こうちゅう》、カナブン、蜻蛉《トンボ》の死骸《しがい》がばらばらと落ちており、砂埃《すなぼこり》をまとった拝殿《はいでん》は霞《かす》んだように色褪《いろあ》せている。元々は立派な神社だったのだろうが、荒れ果て具合から長らく人が踏み入っていないことがわかる。

怪談書きとしてはここでなにかが起きたほうがいいのだろうが、私は場の雰囲気にすっかり委縮《いしゅく》してしまい、なにも起きないことを祈りながら撮影をはじめた。黒い蝶との再会もあって、自分が入ってはいけない場所に立っているのかもしれないという緊張感とおそれが、たびたび私に「帰ったほうがいい」と訴えてきた。

周囲の樹木に「真夜中に釘を打つ女性」が呪詛を打ち込んだ痕跡はなく、あと二、三枚撮ったら宿に戻ろうと被写体を探していた時――。

後ろから、得も言われぬ「嫌な感じ」に襲われた。

万が一のためにと一眼レフを構えたまま振り返ると、納札所《のうさつしょ》のような小さな建物があり、その庇《ひさし》の下に面長な女の顔がべったりと張り付いている。

一瞬ぎょっとしたが、選挙ポスターでもあるのかとカメラを構えたまま寄っていくと、顔に見えたものの正体がわかった。

ジョロウグモだ。

納札所のような建物の庇の下に、座布団《ざぶとん》くらいの巣が張られており、その中央で大きな蜘蛛が八本の脚を広げ、毒々しい色で私を威嚇《いかく》していた。

どうすれば――どの角度で見ればこの蜘蛛が女性の顔に見えるのかと、角度を変えながらパシャパシャと撮っていると、そんな私の行動が興奮させてしまったのか、急に蜘蛛が前後に大きく揺れだし、蜘蛛の巣が激しく波打ちだした。

それを見ていたら、この場にいることが耐えられないほどの「嫌な感じ」に襲われ、私は拝殿に向かって素早く一礼すると逃げるように神社から去ろうとした。

けっして慌てることなく、慎重に階段を一歩一歩下りていったにもかかわらず、私は階段の半ばほどで足を踏み外し、数メートル下に転落した。

幸い怪我は腰の打撲《だぼく》と肘と膝の擦過傷《さっかしょう》で済んだが、手から砂を払い落している時に大変な事実に気づいた。

結婚指輪がない。

紛失することをおそれ、指に食い込むくらいのサイズで作った指輪が、左手薬指から忽然《こつぜん》と消えたことの意味がわからない。階段の周囲は低木と草花が絡まり合う叢林《そうりん》――こんなところで失くせば見つかるわけがない。

ひどく狼狽《ろうばい》し、妻への言い訳を考え始めていた私の目は、低木の梢《こずえ》に引っかかっている指輪をとらえた。安堵に胸を撫で下ろしながら指輪を回収しようとするが、二株の違う種類の低木の細枝が指輪に絡《から》まって、なかなか取れない。掴んでいる手からもぎ取るようにして指輪を回収すると、境内のほうからまたもや「嫌な感じ」が追いかけてくる気配があり、私は早々に立ち去った。

宿に戻って主人にこの話をすると、やはりそんな場所に神社はないという。五十年以上、この土地に住んでいる主人の言葉を信じるべきか、自分自身の見たことを信じるべきか。

以来、私は結婚指輪を左手の中指につけるようになった。
なぜかあの日から、いくら薬指にはめても抜けてしまうようになったのだ。

畑面《はたけめん》

古木《ふるき》さんの家は代々、庄屋《しょうや》を歴任《れきにん》するような大豪農《ごうのう》であった。「あそこからあの山までが古木の土地だった」という話をよく親族の年寄りたちから聞かされていたという。

それが本当の話なのかはわからないが、確かに父親の実家は広い土地を有している。ただ、話に聞いていたほどの規模ではなく、昭和に入ってから盛んに土地は切り売りされ、現在は保有地もかなり減ったとのことであった。

祖父の祥三《しょうぞう》さんは、息子や孫の代できれいさっぱり土地が売り払われることを望んでいるという。昔の古木家は良い稼ぎ方をしておらず、たくさんの人から恨まれていたといい、土地がどんな因縁を吸っているかもわからない——との理由からである。

これは、その土地に関する祥三さん自身の体験である。


祥三さんが四十代の頃、持っているだけではもったいないと知人に指摘を受けたことから、農地活用を考えた。といっても転用してマンションを建てるといった発想はなく、こまかく区画分けした「貸し農園」的なものを細々《ほそぼそ》とやっていけたらとイメージしていた。今のようにシステマチックな規模のものではなく、当時、都市部で少しずつ増えはじめていた市民農園のようなものを小規模から始め、近隣住人の新たな交流の場にできればと考えていた。

こうして、諸々の事務的な手続きをとって始めてみたはいいが、そうそうイメージ通りにはいかない。利用希望はほぼなく、はじめの一ヵ月は近くに住む老夫婦のみであった。老夫婦は仲睦《なかむつ》まじくなにやら育てていたが、農業自体にはさほど関心のなかった祥三さんは、二人がなにを作っているのかも知らなかった。

「貸し農園」計画は結局、軌道には乗らず、わずかにいた利用者も離れていき、最後まで残ったのは最初の利用者であった老夫婦だけだった。

利用している限りは畑を取り上げるわけにもいかない。いくらか二人の生き甲斐にでもなってくれているならばそれでよかった。

しかし、そんな老夫婦の夫がある日、亡くなってしまう。

その後は、妻一人で畑に来るようになった。

早朝からきて作業をし、昼近くに帰っていく。少々、心配になってくる。祥三さんはあまり言葉に遠慮がない人で「もうあんた一人なんだし、何を作っても食べきれんでしょ。畑は体にもこたえるし、そろそろ考えてはどうかね」と本人に畑作業をやめるようすすめた。

妻は「そうですねぇ」と頷《うなず》くのだが、翌日も朝早くから畑にやってくる。そうまでしてなにを育てているんだろうと、祥三さんは気になって見に行ってみた。いつも遠目《とおめ》にしょぼしょぼと緑が見えていたが、近くで見ればそれは作物ではなく、どこにでも生えているような雑草である。なにも育っていないのは明らかだ。ならば、彼女はいつも何をしに畑に来るのだろう。

他人ごとには関心を持たない祥三さんだが、本人に訊いてみようと思った。

翌朝、畑に行ってみると、細い青竹《あおたけ》のような園芸支柱が畑の一部を囲っていた。昨日まではなかったものだ。その囲いのなかは土がこんもりと膨《ふく》らんでいる。近くで見ると、こんもりと膨らんでいる土からなにかが出ている。しもぶくれの輪郭に細い目。その隣に、ぎょろりとした目とすぼめた口。おかめとひょっとこの面《めん》である。

しかも、顔が黒く塗られている。

どうしてこんなものを畑に――。

なにかのまじないか。

それとも奥さんは認知症にでもなっているのか。

あるいは二人ともはじめから、なにも育てていなかったのか？

なんであったとしても、こんな物を自分の土地に埋められては気味が悪い。

もう畑の利用をやめてもらおうと、話をつけるために老夫婦の家に向かった。

途中、空に煙が立ち昇っているのが見えた。煙の足元には赤い火も見える。

向かっていた老夫婦の家である。

通報が早かったのかすぐに消火はされたが、煤《すす》だらけの真っ黒な状態で救出された妻は、搬送先の病院で帰らぬ人となってしまった。

後日、老夫婦の畑を片づけに行くと、誰が持ち去ったものか、黒いおかめとひょっとこの面はなくなっていた。

最初の怪談と最後の怪談

人生初の怪談は父から聞いた。

健康な頃は「だるま」と呼ばれるウイスキーを飲んでいて、酔うとよく思い出話をしてくれたのだが、怪談めいた話もいくつかあった。

この話もそのなかのひとつで、とくに何度も聞いたので最初に聞いたのがいつだったのか正確には覚えていない。たぶん、小学一、二年生の頃だろうと思う。

父の生まれは青森県で、思い出話の舞台には八戸《はちのへ》と三沢《みさわ》の二つの地名が出てくる。だから今も、どちらが出生地なのかは実は知らないのだ。

父には母親が二人いて、どちらも早くに亡くしている。

一人目の母親はツマという名で、父が五、六歳の頃に病気で亡くなっている。本名だ。彼女のことは記憶にほとんど残っていないそうで、父の口から聞かせてもらった一人目の母親ツマの思い出は、たったひとつ、この話だけだった。

火葬場で母親が焼かれていた時のことだ。

幼い父は大人たちとは一緒にはおらず、火葬炉と待機小屋を繋ぐ石畳の通路でひとり遊んでいた。

通路の途中には太い柱があり、そこに大きな鏡があった。

その鏡の前で、父は大声でわんわんと泣いた。

声を聞いた親族たちがやってきて、心配そうに「どうしたんだ」と訊いてきた。

父は泣きながら鏡を指さし、親族たちにこう伝えたのだという。

まっくろい、かっちゃがいた。

真っ黒な顔の母親が、鏡の中から自分のことを見ていた。そういって泣いていたのである。

死がどういうものかも理解していない幼子が、たった今、すぐそばで自分の母親が焼かれていることなど知るはずもない。親戚たちはゾッとしつつも号泣する父をなぐさめた。焼かれながらも残していく我が子のことを心配し、顔の形が残っているうちに会いに来たのだろうと親戚たちは思ったそうだ。

このことを父本人はまったく覚えておらず、ある程度大きくなってからなにかの席で親族らから聞かされたそうである。

このような話を聞かされて育ったからか、あるいは血のせいか、怪談に身を寄せる人生を送ることになってしまった私は、こうして年に一冊二冊、その類の本を出していただける身となった。

一冊分の怪談はそうそう簡単に集まるものではない。以前、大昔の話でもいいからなにか思い出してくれよと父にせがんだら、「おれが死んだら本のネタになるように化けて出てやるよ」とのたまった。

化けるのかよ、と私は笑った。

二〇二二年、二月十六日。

入院先の病院から、父の心臓と呼吸が止まったことを伝えられた。

数日前に病院内で新型コロナ・ウィルスの陽性者が出たという報告があってから、あっという間だった。

最後に会った父はビニールの袋に入れられていて、ああ、もう直接この肌に触れることはできなくなったんだなとたまらない気持ちになった。

葬儀屋が来た。

この頃、横浜市では複数の高齢者施設や病院でクラスターが発生し、亡くなる人の数が多すぎて、なかなか火葬場の手配ができなかった。父も一週間待たされた。そのあいだに会えるわけでもなし、ただ預《あず》かり料をとられるだけだ。

葬儀は家族だけで済ませ、葬儀会社の車で帰宅すると簡易祭壇をリビングに作ってもらい、ほどなくしてお寺から若い僧侶が来た。

読経の声のなか、なつかしさや寂しさや悲しさよりも、どうしてこんな目に父が遭うのかとやり場のない怒りの感情がわいた。いや、やり場はある。いくつかの顔や団体名が浮かんでいた。そいつらを呪い、暴力的な行為を働く想像を頭の中で繰り返していた。

読経が終わった直後だった。

物の砕ける音がし、祭壇からなにかが飛び散った。

ろうそく立ての覆いが割れていた。

父も怒っているのかと思ったが、すぐにそうではないと考えを改めた。

死んだら化けて出てやる。

その約束をさっそく果たそうとしているのかもしれない。

あの時のお坊さんのこわばった表情を私はしばらく忘れそうにない。

偶然に作用した現象だといってしまえばそれまでである。でもそうしてしまえば本に書けないし、それこそ父に怒られるような気がする。起きたことを無駄《むだ》にするなと。

これを書いている翌日が父の四十九日である。

黒異小譚《くろいこばなし》

なにが饅頭を食わせたか

昭和の頃、青森県下北郡脇野沢村《わきのさわむら》（現・むつ市）で起きた事件である。

山間部の滝山集落に暮らす五歳と七歳の男子児童が、水車小屋にいる祖父に弁当を届けにいったまま行方不明となった。

近隣の小沢集落では半鐘《はんしょう》が鳴らされ、人々にこの件が知れ渡る。

「狐にだまされて、山に引き込まれたのではないか」

そんな迷信じみたことをいい出す人も少なくなかった。

総人足といって、各世帯から一人ずつ捜索のための人が出され、深夜の一時頃に村の事務所前に集合するが、時間が遅すぎるとのことで捜索は翌朝に変更となった。

あくる朝、水車小屋へ行くと二人の足跡がまだ残っており、河原に沿って藪のなかに消えている。しかしこの日、二人は見つかることなく捜索は中止となり、そこからは家族や親しい知人などで捜し続けることとなった。

幾日も経った。二人は見つからない。

もう死んでいるのではないかと噂された。

某日、Tという家の嫁が、田の水を調整するために沢の支流の一つに行っていた。そこで二つの田に沢の水が流れ込むように置き石をしていると、こそこそと音がする。音のしたほうを見ると、そこには髪が伸びて顔の痩せ細った男の子が立っている。どう見ても普通の状態には見えないので、「きみは狐に騙されていなくなった子か」と訊いてみたところ、「そうだ」と答える。

行方不明の男子児童である。

驚いたT家の嫁は、「自分では君をおぶってはいけないから人を連れてくる。だからここで動かずに待っていて」と男子児童にいい残し、自警団の詰所へ走った。そこには若い男性が十人ほどいて、事情を説明し、手分けして方々へ連絡した。

やがて警察が来て、男子児童から事情を聞いた。

彼は行方不明になっていた七歳のほうの児童であった。

今までなにを食べていたのかと訊くと「麦饅頭《むぎまんじゅう》ばかりをたくさん食べた」という。

食べ物は「お椀」に入っていたというので、何者かに食わせてもらっていたらしい。

本人は「キツネに騙された」という自覚があるようだが、まさか本当にキツネがヒトを化かしたわけでもあるまい。では、誰から得たものを児童は食べていたのか。

男子児童を医者に連れて行くと、腹の中に空気を入れて口に管を入れ、胃腸内の洗浄をおこなった。児童の腹の中からは饅頭どころか、ウサギの糞が砕けた状態で出てきた。


五歳の児童の行方を警察が訊くと「岩と岩のあいだに挟まって動かなくなった」という。場所を詳しく聞いたのち、重湯《おもゆ》と薬を与え、二日ほど休養を取らせた。そのあいだに不明児童の家族や親戚を呼んだ。

保護した児童の体力がある程度回復したので、消防団のひとりが彼を背負って、不明児童を捜しに行った。権左衛門という名の沢があり、不明児童はそこを渡ろうとして転落したということだった。

発見された不明児童は、沢の下で岩と岩のあいだに挟まっていた。

もうすっかり腐っていたので、しっかり洗い、村に連れて帰った。

落ちた子どもが動かない様を見たキツネが憂慮し、もう一人の子どもを送ってよこしたのではないか——そのようにささやく声もあったという。

弁天岩

かつて石細工の産地であったという新潟県佐渡市の椿尾《つばきお》。

次に掲《かか》げるのは、この集落に住んでいた女性が「自分が死んだら誰も知らなくなってしまうから書き記しておいてほしい」と孫に語った出来事である。


今と違って昔は娯楽が少ない。

当時の島の若者たちの楽しみといえば盆と正月、そして村の祭礼しかなかった。

ところが、ある家の若者Gは、盆も終わって秋風が吹く頃だというのに、夜になると踊り衣装に着替えて出かけていく。

それが二晩、三晩と続くので、不思議に思ったその家のおばあさんが、ある晩、本人に訊ねてみた。

「お前《のし》、このところ毎晩のように遊びに出てるが、どこにいってるんだ」

「椿尾の弁天岩へ踊りにいくんだ」

椿尾の海岸付近は当時、民家は一軒もなく、砂浜に船小屋がひとつあるだけだった。その右手に平らな岩が百三十畳ほど広がっていて、そこに弁財天を祀る石の祀堂《しどう》がある。ここは弁天岩と呼ばれていた。

そんな場所で今どき、踊りなんてやっているものだろうか――おばあさんが疑問を口にすると、大踊りをやっているよとGは答える。

どこから来るのかは知らないが、一晩ごとに人が増えて、そこには若い女の人もいるのだそうだ。「夜明けまで踊るのがたまらなく面白いんだ」と昨晩のことを思い出しながら話すGに、「そこで踊りがあることをなにで知ったのか」と質問を重ねる。

「毎晩、若い男の人が二人で呼びに来る。知らない人だけど」

するとGは耳に手を当て、

「ほら、呼びに来た」

——確かに、家の前の竹やぶのほうから声がする。

Gはすぐに準備をすると家を出ていった。そんなことが数日続いたという。

気になったおばあさんは村の人たちに訊いてまわってみたが、弁天岩で大勢の者が集まって踊っているなんて誰も知らなかった。

やはりおかしいと考え、その晩、外から呼ばれて家を出ていったGの後をつけてみた。

おばあさんは驚いた。

Gの後を追って弁天岩にいくと、たしかに数百人もの人が集まっている。

みんな若い人たちばかりで、Gは踊りの輪の真ん中で踊り狂っていた。


Gのいっていたことは本当だったが、やはりなにかが引っかかる。

その後も毎晩、Gの後をつけて、弁天岩の大踊りの様子を見ていたおばあさんは、ある晩、気づいてしまう。

夜ごと、参加者が増えていく、弁天岩でおこなわれる大踊り。

舞い踊り狂う人たちの集まりが、だんだんと海のほうへと寄っている気がする。

まさかと思ったが、ある晩、Gが膝まで海につかって踊っている姿を目にしたことで、確信した。

これは普通の大踊りではない。

では、夜ごと集まってくる若者たちはいったい――。

おばあさんは凍りつく。

踊っている若者たちをよく見ると、体が片側の半身しかない。

これは亡魂《ボーコー》だ。

翌朝、帰宅したGにこのことを話し、「いまにとり殺されるぞ」と踊りに行くのをやめるように説得した。だがGは、「あと二晩で終わる、それが終わったら来年までないんだ」と、まったく聞き入れない。

もう、おばあさんには神社で願掛けをすることしかできない。他にできることといえば、食事の時間を遅らせたり、用事を言いつけたりして、足止めをすることくらいであった。

そういった努力も虚しく、多少遅れてもGは愚痴をこぼしながら家を出ていった。

かわいそうに。あと二晩でGは亡魂と海に、とり殺されてしまうだろう。

ところが、しばらくするとGが戻ってきた。

どうしたのかと訊くと、彼は震えながら、おばあさんにこう話した。

弁天岩に向かっていると、眼がひとつの大きなものに遭った。

それが「かえれ、とりころされるぞ」というので、慌てて帰ってきたのだと。


新潟県民俗学会の機関誌にあった話である。

賽の河原

道南五大霊場のひとつ、奥尻島《おくしりとう》の賽《さい》の河原《かわら》。

ここには海で亡くなった人々や幼少死亡者の供養塔がある。

島の開発当初は難破船の残骸が一帯に累積《るいせき》しており、そのなかに石塔や小さな地蔵堂があったという。手を合わせに行きたくとも残骸を乗り越えねばならないので、参拝者はなかなか苦労をしたそうである。

明治二十年八月におこなわれた大施餓鬼《だいせがき》では、集まった霊の重みで祭壇が弓なりに曲がったといわれており、以来、毎年六月二十三日に法要が営まれ、現在も「賽の河原祭り」と呼ばれる奥尻三大祭りが開催されている。

近年、神社仏閣で文化財や国宝に油をかけるといった事件があったが、人々の大切に守っている場所を不心得者が訪れて穢《けが》す行為は昔もよくあった。この霊場もその標的となることがよくあったようだ。

ただ、そのような不敬な輩《やから》には、それなりの報いが待っている。

明治三十年頃の話である。

蚊柱《かわしら》というところに住むUという男が、友人三人と奥尻の賽の河原へ遊びに来た。

「こんなものを信じる馬鹿があるか、バチが当たるというなら当ててもらおうぜ」

そういってUは石の塔を蹴倒《けたお》し、あろうことかお堂の前で大便を放《ひ》り落として帰った。

同日、同行した友人の一人が自宅の雨戸に躓《つまず》いて倒れ、胸部を強く打ったために死亡した。

他の一人は、帰宅後に片足を負傷し、その怪我がもとで彼は生涯、うまく歩けない体となってしまった。

霊場に大便を落とすという愚劣な冒瀆《ぼうとく》行為をしたUも、腰を痛めたことで歩けぬ体となってしまった。だが、彼は自身の罪を贖《あがな》うことで最悪の事態を免れたという。

明治四十年頃には、同霊場を訪れた若者が「凡人の迷信を打破しよう」と叫んで片っ端から石の塔を倒し、尿をかけて帰ったことがある。

その後、彼は原因不明の病により腸が破れ、臍《へそ》から糞尿を垂れ流しながら壮絶な死を迎えたといわれている。

昭和初期発行の雑誌に見られる、釣懸村《つりかけむら》の寺の住職から採集された話である。

教訓

「もう三十年前のことですが――いくら子どもだったとはいえ、あのころの自分がやっていた、ひどく残酷な行為を今はとても恥じています」

福富《ふくとみ》さんの通っていた小学校の近所に、自宅兼ふとん店の家があった。

その家には三十代くらいの障がいのある息子がいて、よく近所の公園のベンチに老父と二人で座ってパンを食べていたり、当時の子ども番組の歌を声高らかに歌ったりしていた。

自分の親ぐらいの大人が子どものような言動をとっていることが、その頃の福富さんには面白くてたまらなかった。だからよく彼の動きや喋り方を真似し、それを友だちの前で披露しては笑いを誘っていたという。

そんな不埒極まる遊びを、あろうことか友だちの家に泊まりに行った時に夕食の席でやってしまい、それを友だちの親に厳しく叱られ、親にも伝えられてしまった。

帰ってから、腰が抜けて立てなくなるまで徹底的に父親に叱られたという。

その夜、福富さんは寝ている時に頭を撫でられた。

愛《め》でるようにではなく、枕に押し込まれるような乱暴で雑な撫で方である。

起こそうとしているのかと目ヤニでくっついた瞼をひらくと、窓の外は青暗く、今が明け方で、まだ起きなくてもいい時間だとわかる。

両親も自分を挟んで両側の布団で鼾《いびき》をかいている。

撫でられたように感じたけど、勘違いだったか――。

寝なおそうと布団にもぐるが、しばらくするとまた頭を撫でられる。目をあけると、さっと引っ込む腕が見えた。引っ込んだ先は父親で、今はこちらに背中を向けて鼾をかいている。

そうか、厳しく叱りすぎたと思っているのだ。

それなら寝ている時にこっそりではなく、起きている時にちゃんと撫でてほしい。

嬉しいような照れくさいような、なんとも温かい気持ちになった福富さんは、寝ているふりをしている父親を驚かそうと背中に抱き着いた。愛情表現のようなものである。

父親はパジャマを着ているのに、その背中はペタッとして濡れているようにひんやりしており、カエルみたいな背中だった。びっくりして声をあげると、父親の顔がグルンとまわって肩越しに福富さんを見た。

父親ではなかった。

ふとん屋の主人だ。いつも息子と二人で公園のベンチに座っている老父である。歯を食いしばり、皺がものすごく、鼻腔《びくう》から二筋の黒い洟《はな》を垂らしている。ものすごく怒っていることが伝わってくる。

自分にちゃんと謝らせるために父親が呼んだのだと思った。

――じゃあ、こっちも？

母親が寝ているものだと思っていたけれど母親ではないのかもしれない。確かめようとして体をそちら側に向けた――と思うのだが、そのあたりの記憶が曖昧《あいまい》で覚えていないのだという。

このことを学校で友だちに話し、ふとん屋の息子を馬鹿にするのはもうやめようと提案すると、バカだアホだと嗤《わら》われ、昨夜のことも誰も信じてくれなかった。彼らも、自分たちがやってはいけないことをし、笑ってはいけないことを笑っているという自覚があるのだろう。それを率先《そっせん》してやっていた福富さんが、いきなり正義面《せいぎづら》で問題提起したことが癪《しゃく》にさわったようで、この日、福富さんは仲間外れにされて一人で帰った。

学校でみんなに馬鹿にされて悔しかった——涙を流しながら打ち明ける福富さんに父親は「これでわかっただろ」と雑に頭を撫でた。

「いい事でも悪い事でも巡り巡って、自分のしたことは返ってくる。変人扱いをされたらいやだろ？　笑われたらいやな気持になっただろ？　そういうことだ」

福富さんは今でも夢だったとは考えておらず、かといって父親が自分に謝らせるため、わざわざ夜中にふとん屋の主人を呼ぶなんて現実的でないこともわかっている。

あの夜、自分がなにを見たのか皆目見当もつかないそうだが、いちばんの気がかりは、ふとん屋の主人にちゃんと反省したことが伝わっているかという点である。

花束を嗤う

ふたつの花束を持って、英徳《えいとく》さんは蔵前《くらまえ》から羽田方面の電車に乗りこんだ。ひとつは妹の誕生日の祝いに、もうひとつは誕生日の近い母親に贈る花で、大きな紙袋に入れて足元に置き、ドア側のいちばん端の席に座った。

ふふ、うふふ。うふ、うふふ。

空《す》いていたのにくわえ、コロナの影響で乗客たちの会話も少なく、車両内はとても静かだった。だからその笑い声がとても際立《きわだ》って聞こえた。

向かいの座席の女性客が、ちらちらと英徳さんの横に視線を向けている。なんだろうと見ると英徳さんから一人分あけた席におばあさんが座っており、英徳さんを見ながら「うふふ」と笑っている。聞こえていたのは彼女の笑う声だった。

しっかり目が合っているので、自分に向けられた笑いなのだろう。少し変わった人のようだが、怒鳴って大声をあげる人よりは、こちらのほうが断然いい。

軽く会釈をして笑みを返したのち、下を向いて目を閉じ、寝たふりをする。こうしていればそのうち照準からはずれるだろうと考えたのだが、笑う声はずっと聞こえていて、まだ自分のほうを向いているのがわかる——と、その声が急に近くなったので、びっくりして顔を上げると、おばあさんは身を乗り出して英徳さんのことを覗き込みながら笑っている。

乗客たちから、かわいそうにという目を向けられる。

まあでも、笑っているだけで害はないから——と再び下を向いて目を閉じた。

ずっとそばで「ふふ、うふふ」と聞こえていたが、次の駅で停車すると、おばあさんが席を立ったのがわかった。

薄目《うすめ》をあけてうかがっていると、前をおばあさんが通るのが見えた。

ああ、この時間からようやく解放される——ほっとしたのも束の間。

すぱーん、と車内に大きな音が響く。

おばあさんが通りがけに、花の入った紙袋を蹴った音だった。

予想だにしなかった出来事に英徳さんは「えっ」と固まった。

発車ベルが鳴ると我に返り、降りていったおばあさんを目で追う。

おばあさんはホームのちょうど英徳さんの真後ろに立っていて、「赤べこ」のように頭を揺らしながら笑っている。電車が動き出して見えなくなるまで、彼女の視線は英徳さんから離れなかった。

蹴られた紙袋は破けてなどはいなかったが、どういうわけか花の色が暗くなっていた。数十分前まで鮮やかな赤だった花弁は、泥水を混ぜたような濁った赤に変色していた。蹴られたことで傷んだのかと確認したが、茎《くき》に目立った傷や折れはみあたらない。

しかし、帰った頃には花は九割がた萎《しお》れてしまっていた。

それでもせっかくくれたのだからと、妹と母親は花瓶に入れて飾ってくれた。

その日の夜半から、これまで聞いたことのない大きな家鳴《やな》りが聞こえだし、それは明け方近くまで続いた。明朝、キッチンテーブルに飾っていたはずの花瓶が床の上であり得ない状態で割れていて、萎れた花を盛大に吐き出していた。また、玄関ドアの外側の面に泥の塊を投げつけたような跡があった。

「みんな、こじつけだと言われたらそれまでなのですが――」

生誕を祝い、幸運を象徴する花束を笑いながら蹴ったあのおばあさんはきっと魔女の類《たぐい》であり、自分たちは呪いをかけられたに違いない――英徳さんはそう考えている。

謝罪の言葉

洋《ひろし》さんの母親は彼が高校生の頃に四十六という若さで亡くなった。

誰の目にも健康面になんら問題はないかのように見えたが、突然のことだった。

「急死というい方には少々、躊躇《ためら》いがあります。母は急に死んだわけではなくて、死ぬことをちゃんと予告した、その数分後に心臓が止まったんです」

亡くなる前に母親が奇妙なことを口にしたのだという。


「悪いなぁ、洋。母ちゃん、そろそろ死んでしまうとおもうわ」

お得意の悪い冗談だと思った。こういう不謹慎な冗談を飛ばす時の母親は、いつも悪びれないニヤニヤ笑いを浮かべていた。この時もまったく同じだった。

「やめぇや、縁起悪いな」

母親は何かいおうと口を開いたが、それは大きなあくびになった。

リビングの床にコロンと寝転がった母親は、すぅすぅと寝息を立てはじめる。寝息は次第に、ぐぉぉ、ぐぉぉという太い鼾に変わり、やがて鼾がピタリと止んで、そのまま静かになった。

急に不安をおぼえた洋さんは、母親の顔の上に手をかざす。

呼吸をしていなかった。心臓の音も脈もない。

うそやろ、かあちゃん、かあちゃん。

母親の体を強く揺さぶった。そのうちムクリと起き上がって、あの不謹慎なニヤニヤ笑いを見せてくれるのではないかと考えたからだ。

「母親は持病を持っていたわけでもなく、ただ意味もなく心臓が止まったんです。本当の突然死――いや、死ぬと自ら予告をしていたのだから『突然』の死でもないんです」


母親の四十九日もまだ過ぎていない夜更《よふ》けのことだった。

就寝しようと布団に入った瞬間、腰から下が凍《い》てつくように冷たくなった。

冷水に浸かっているように、冷たさ、痛み、麻痺《まひ》の順に感覚が変わっていき、足先から壊死《えし》していくような恐怖をおぼえた。

「ごめんなぁ、ひろしさん、ひろうしさーん、ごうめんなああ」

足元のほうから声が聞こえてきた。

母親の声ではない。ひろしさんなんて呼ばない。聞いたことのない老婆の声である。

脅かすような、嘲笑するような、馬鹿にしているようにも聞こえる不快な謝罪だ。

「あの声の主が母を連れて行った可能性はおおいにある、そう考えています。だとすれば、あれは母を連れて行ったことへ対する謝罪だったんでしょうか。それとも、ぼくはあの声に謝られるようなことを知らぬ間にされていたんでしょうか」

寄る辺

袋田《ふくろだ》さんは洋食店を営んでいたが、若年層の外食離れが進んで客足が年々遠のいていたところにコロナ自粛がとどめをさし、一昨年に閉店を余儀《よぎ》なくされた。次に進む勇気をなかなかもてず、新たな一歩を踏み出すことができない。そんな鬱屈《うっくつ》した気持ちと現実から目を背けるため、貯金を切り崩《くず》しながら毎日のように飲み歩いていた。

最後に必ず寄っていく一軒のおでん屋があった。

店内は活気に満ち溢れ、行けば誰かしら見知った客がいて、「袋田ちゃんこっちあいてるから座りなよ」と狭い隙間に迎え入れてくれる。この店で会って飲むだけの関係だが、みんな自分の愚痴や悩みを親身になって聞いてくれるし、アドバイスもくれる。ここは涸《か》れた心を潤《うるお》す、袋田さんにとってオアシスのような場所だった。

おでん屋の主人であるカヨコは、一見《いちげん》さんにはたいへん厳しいことで知られている。初めて暖簾《のれん》をくぐる客には高い垣根《かきね》を設《もう》け、ほとんど喋りかけず、目も合わさない。

自分と相性がよさそうだと感じだしたら少しずつ話しかけ、サービスの小鉢を出し、常連客とも繋いであげる。だが、少しでも自分とそりが合わないと感じたら、あからさまに突き放した不愛想な接客となる。そうなると注文をしようと呼びかけても三回中、二回は無視されるし、食うものを食ったら帰れという空気を露骨に出されるのである。

そうして彼女に見込みなしと判断された客は、常連客たちが楽しそうに馬鹿騒ぎをしている端で肩身が狭そうにちびちびと飲み、一皿目をあけたら早々に帰ってしまう。

すかさずカヨコは外に出て、客の帰っていったほうに向かってパーン、パーンと二度、大きな柏手《かしわで》を打ち鳴らし、大量の塩をまいてさらには盛り塩もする。そんな彼女の姿に常連客たちは「いいぞ、いいぞ」と盛り上がる。

自慢の出汁《だし》を吸った大根と顔馴染みの客たちとのアットホームな雰囲気が好きなので足しげく通ってはいるが、袋田さんはこの客払いの塩まきだけは好きになれなかった。

よほどたちの悪い客ならわかるが、自分と合わなかったというだけでこのような行動を、しかもほかの客の見ている前でやるのは、同じ客商売をやっていた者としていかがなものかと感じていた。

せっかくこんなにいい店なのに、そこだけが残念でならない――そんな胸の内を常連客のYさんに打ち明けていると、いきなり顔に粉状《こなじょう》のものをかけられた。

びっくりした袋田さんは椅子から転げ落ちそうになってカウンターにしがみつく。顔をあげると、怒りの表情のカヨコがカウンターから出てくるところだった。その小脇に塩の入った袋を抱えている。

やってしまった――カヨコは常連客相手に忙しいので自分のぼそぼそ声など聞こえないだろうと高《たか》を括《くく》っていた。だが、この怒りよう――すべて聞かれていたのだ。これで自分は出禁だ……。


この日ずっと袋田さんの話を聞いてくれていたYさんは、残念そうな表情で席を立ち、店を出ていった。それを追って外に出たカヨコは、柏手を二度打ち鳴らし、塩をまきはじめた。

話を聞いていた人間も同罪ということか――次は自分の番かと覚悟していると、戻ってきたカヨコは袋田さんに「大根おかわりは？」といつもの調子で訊いてきた。

常連客のYさんが二日前に病院で亡くなったのを知るのは、このすぐ後だった。

内見

知奈《ともな》さんの実家では、ある人物による不法侵入がたびたび繰り返されていたと思われる時期があった。

物が盗られたり、壊されたりといった直接的被害はなかったが、この人物の恐るべき〝目的〟を知ってからは戦々恐々とした日々を送っていたといい、それによる疲弊《ひへい》と消耗は相当なものだったそうだ。

〝彼女〟と出会ったのは五年前。半年だけ勤めたビル清掃のバイトだった。

当時、知奈さんは二十一歳。前の年に両親を立て続けに病気で亡くし、折悪《おりあ》しく勤めていた会社が先の世界規模の金融危機によって経営破綻。職を失い、そのストレスや環境の変化など様々な要因が重なって精神的に不安定になり、通院もしていた。人生でいちばんつらい時期であった。

「四つ下の妹がいるので自分がしっかりしなければって気力を保《たも》とうとしていたんです。

でもそれが逆にいけなかったみたいで。自分にどんどん負荷《ふか》をかけてしまっていたんです。精神科の先生は、働かない、考えない、何もしない時間も大切だよって――。

親はわたしたちがしばらく暮らしていけるくらいの十分なお金と家を残してくれていたんですが、一度引きこもってしまえば、きっと社会復帰は難しくなる。だから、なにもしないわけにはいかないなって思いました。それに両親を失ったショックから一日でも早く立ち直りたかったのもあって、なんでもいい、なにかをしないとって求人の雑誌を見て、すぐに働けそうなところを探して辿り着いたのが、このビル清掃のバイトだったんです」

そこには、知奈さんが入る数ヵ月前から働いているという夢子《ゆめこ》と名乗る女性がいた。見た目は七十代、がんばって六十代後半で、たいへん痩せており、濃すぎる化粧で目と唇が顔から浮いて見えた。

緊張気味の知奈さんにニコニコと気さくに話しかけ、座布団だ、茶菓子だと気遣って出してくれる。見た目は少々怖いが、接しやすい人物なのかもしれないと感じた。

夢子は自分のことは話さなかったが、知奈さんの話はなんでも聞きたがった。親身になって聞いてくれるので、つい話すつもりはなかったことまで口から滑り出た。気がつくと昨年に両親を亡くしたばかりであること、今は親の残した実家で妹と二人だけで暮らしていること、精神科に通院をしていることなども夢子に話していた。

「かわいそう……まだ若いのに、かわいそうにねぇ」

夢子は涙ぐんで、がりがりの腕で知奈さんを抱きしめた。自分も早くに親を亡くし、鬱にも苦しんだことがあるので知奈さんの苦労はとてもわかるのだという。

——友だちや家族がそばにいても、いちばんつらいことは誰にも相談できないのよね。そうやって本当の自分を誰にも見せることなく、ひとりで闇を抱え込んでしまうのよ。今はそれでなんとかなっても、後々、かならず悪い結果を招く。自分がそうだった。あなたをわたしのようにさせたくない。いろいろ経験をしてきたわたしなら、なんでも受け入れてあげられるから、本当のあなたを、どうかわたしには見せてちょうだいね——

と、いっていることは仏様のように優しいのだが、出会ってまだ日も浅い人からそこまでいわれてしまうと逆に引いてしまう。そうなると夢子の言葉が急に芝居じみて聞こえてしまい、彼女が自分の言葉に酔っているようにも見えてくる。

そんな夢子はまったく体力がなく、常にふらふらしていて、十分以上立っていることができなかった。重いものが持てない彼女は濡れたモップを絞るのにも苦戦し、力を要せずとも運転ができる清掃機械《ポリッシャー》にも振りまわされてしまう始末。だから仕事に関しては、なにかと知奈さんを頼ってくる。そうやってたびたび助けているうちに、気がつくと夢子の仕事の八割方を知奈さんがやらされている。こんな彼女がなぜ雇ってもらえたのかが不思議でならなかった。

また夢子はアルコール依存症らしく、いつも手が小刻みに震えているので見ていて危なっかしかった。階段を使う時は手すりを両手でつかんでゆっくり一歩ずつ。椅子に座る時も知奈さんがフォローしてあげなければならなかった。

そのくせ、変に世話焼きなところがあり、よく休憩室でお茶を淹れようとしてくれるのだが、お盆を持つ手ががくがくと震えるのでお茶が半分くらいこぼれてしまう。自分で淹れるといっても「いつも仕事では迷惑かけているんだから、これくらいさせて」と譲らず、結果、テーブルや畳はお茶でびしょびしょに濡れてしまう。

「迷惑とかぜんぜん思ってないし、わたしは自分のことは自分でできるから」

そう少し強めに伝えても、「あなたが孫みたいに思えちゃって」と次の休憩時間でもいらぬ世話を焼いてくる。そんな夢子が知奈さんには煩わしくてならなかった。

——ここまで話を聞いた私が夢子に抱いた印象は、不器用ながらも知奈さんのことを思い遣る気持ちがあり、空回りはしているがけっして悪い人間ではない、というものであった。

だから、知奈さんの語りの端々に夢子への強い嫌悪が感じられることが気になっていた。

その理由は、この後に少しずつ判明していく。

一時《いっとき》は苛立ちさえおぼえていた夢子の言動も、あまり気にならなくなった。

三ヵ月、四ヵ月と一緒にいたことで彼女という人間に慣れてきたからだ。

新たなスタッフが入らず、ずっと二人《コンビ》だったというのもあるが、だいぶ歳の離れた少し面倒くさい友人という感覚になってきて、たまにだが一緒に食事へ行くようにもなった。

そんなある日、夢子が突然、知奈さんの家へ行ってみたいといい出した。

知奈さんがどんな暮らしをしているのか見てみたいのだという。

別にいいよ、と次の休みの日に約束をした。

知奈さんの家に招かれた夢子は、遊園地に来た子どものように目をきらきらさせていた。

「すごく立派な家じゃない」

お茶と菓子を用意して戻ると夢子がいなくなっていて、どこへいったのかと探すと彼女はバスルームを覗き込んでおり、「お風呂もきれい、素敵」と絶賛した。

「知奈ちゃんの部屋も見せて」

「なにもないし、見ても面白くないよ」

「ほんとに？　部屋が汚いから見せられないんじゃなくて？」

「なんにもないから汚くもならないよ」

「なら別に見せてもいいじゃない。見せて、見せて」

変にいいくるめられてしまい、二階の自分の部屋まで案内した。

「きれいな部屋じゃない」

次は妹の部屋を見せてという。

妹は外出中なので別にいいかと連れていくと、今度は両親の部屋を見せてといいだす。

なんのルームツアーだろうと思いながらも、亡くなってから一度も手を付けていない三階にある両親の部屋を彼女に見せた。

「知奈ちゃん、わたしの経験上からいってもいいかしら」

ここに住み続けるのなら、十年後も二十年後も住みやすい家にすべきだという。階段横の壁に手すりをつけたほうがいいとか、この段差をなくしたほうがいいとか、二十代の知奈さんにバリアフリーな改築を促《うなが》してくるのである。

ひと通り家の中を案内させた夢子は、知奈さんに信じられない一言をいった。

「わたし、ここに住もうかしら」

なーんてね、と続く冗談かと笑いながら聞き流し、別の話題を振ろうとしたが、夢子は話題をひき戻し、具体的な話をしはじめる。

「よく考えてみて。あなたたちみたいなまだ若い女の子二人だけで、こんなに大きな家に住むのは寂しいわよ。だって、結婚したらどっちかは家を出ちゃうわけでしょ。今だってご両親がいない分、空いてしまった部屋があるのに、これ以上使わない部屋が増えたらもったいないし、そんなことになったら家が泣いちゃうわよ。安心して、もちろんわたしも働くし、なにより、あなたを精神的に支えてあげられるから。知奈ちゃんにとって悪い話じゃないと思うのよね」

突然やらされた我が家でのルームツアー。

その真意を知った知奈さんはゾッとした。

良いようにいっているが、つまりはこの家に転がり込みたいといっているのだ。

夢子は普段から「自分はもう先がない」「孤独死はいやだ」といった不安をよく漏らしていた。歳を重ね、身体の衰えが進むたび、一人で暮らすことが怖くなったのだろう。

あのルームツアーは、どの部屋が空いているのか、自分が使うならどの部屋がいいかをチェックしていたのだ。バリアフリー化を促してきたのもそういうことだ。

孫だなんだと世話を焼いてきたのも、初めからそういうつもりだったのかもしれない。

冗談ではない。アルコール依存症でふらふらの、親戚でもなんでもない他人の婆さんの介護をしながら暮らすなんて地獄の日々だ。

この一件から、知奈さんはあからさまに夢子を避けるようになった。

夢子は機嫌を取るような言動をとってきたが、すべて無視した。

ある日、バイト先の休憩室に置いていたバッグの中に覚えのない茶封筒が入っていた。

五枚の便箋には、こんなに寄り添っていてあげたのに一方的に裏切った恩知らず、裏切り者、といった知奈さんへ対する恨みつらみが長文で書かれていた。そして、「それでもあなたを守ってあげたい気持ちがあるのです」と、これまでの誹《そし》り・脅迫・恨み節をフォローしようという抜け目のなさが垣間《かいま》見える一文でしめくくられていた。

手紙を持つ手の震えが止まらなかったという。

知奈さんはバイトを辞めた。

それから何度も夢子から電話がかかってきたので着信拒否した。

心配なのは彼女を家に連れてきてしまったことだ。あんな手紙を書く人間だ。なにをされるかわからない。ふらふらの婆さんでもガソリンをまいて火をつけることはできる。

この頃から、憂慮《ゆうりょ》する知奈さんを脅かさんとするかのように、家で奇妙なことが立て続けに起きた。

インターホンが鳴って妹が出ると誰もいないということが何度かあった。

帰宅すると壁に掛かっていた額縁にヒビが入っていた。食器棚に入っていたはずの未使用の茶碗が床に落ちていた。消したはずのテレビがついていたこともあった。

上の階で物音がし、行くと両親の部屋の扉が開いていた。

明らかに何者かが家に侵入している。

知奈さんは夢子を疑った。歩くのも大変な彼女に、そこまでの行動力があるかという疑問は、この時は生じなかった。彼女以外に考えられなかったからだ。

警察への相談も考えたが、被害自体はたいしたものではないので、よほどの証拠でもなければ動いてくれないだろうとなかなか行動には移せなかった。


また、この頃から妹との会話が嚙み合わないことがあった。

「あれっ、いつ下りてきたの？」

一階のリビングで本を読んでいると、階段を下りてきた妹に驚かれた。

「ずっとここで本を読んでたけど？」

「うそ、さっき二階にいたじゃん」――こういうことが何度かあった。

ある日は三階の階段付近が白く煙っていて、慌てて駆け上がると両親の部屋の扉が開いていた。部屋の中に煙の出るようなものはなく、部屋を出ると煙はなくなっていた。

一階に戻るとリビングの本棚に立てていた両親の遺影《いえい》が、どちらも伏せて倒れていた。

誰もいないはずの上の階で足音が頻繁に聞こえるようになると、もう耐えられなくなり、一旦やめていた精神科への通院を再開した。自分の精神状態も疑ったのである。

だが、知奈さんの精神状態の問題ではないことを証明する決定的なことが起きた。


休日にリビングで小説を読んでいると、二階の部屋で午睡《ごすい》をむさぼっていた妹が下りてきて、こんなことを訊いてきた。

「あのおばあさん、だれ？　もう帰ったの？」

ベッドでごろごろしていたら三階から階段を下りてくる足音がしたので、そろそろ起きろと知奈さんがいいに来たのだと思って顔を上げた。ところが、部屋の前を知らないおばあさんが通ったので「だれ？」となったという。

震えの止まらない知奈さんは、どんなお婆さんだったかと訊いた。

「めっちゃ化粧してて、すごく痩せてて――」

聞けば聞くほど夢子としか思えない。

妹には夢子のことを話したことがなかったのでこの時、はじめて話した。

やはり、警察に相談すべきだろうかと意見を求めると妹は首を横に振る。

「だってこれって、幽霊だよね」

目から鱗《うろこ》だった。

知奈さんにその発想はなく、自分の精神的な問題か、生身の夢子が侵入しているのだと考えていた。ただ、それだと辻褄《つじつま》の合わないことが出てくるのである。

では、夢子はもう――。

六十代後半ではまだ早すぎるが、体調はずっと優れない様子であった。

あの日のルームツアーは、自分が死んでからとどまる場所を下見していたのでは――。

だがもしそうならば、どうしようもないのではないか。

妹は「お祓《はら》いしてもらおうよ」というが、その前に確認しておこうと、清掃のバイトスタッフで登録していた派遣会社に連絡し、適当な理由をつけて以前の担当を呼び出してもらった。夢子の件で辞める時には担当者に相談しており、その際、会社側の責任を問うようなことはしなかったので事務的に流されはしないだろうと踏んでのことだった。

担当者は、知奈さんの件で夢子には辞めてもらったと説明し、信じられぬ事実を口にした。

「あのひと、ああ見えてまだ三十代前半ですよ」

実家で夢子の姿が目撃されることはもうなかったが、階段を上り下りする足音が聞こえることや、三階の両親の部屋の扉が勝手に開いていることは一年ほど続き、そのたびに夢子がまだ家の中を〝内見《ないけん》〟しているのではないかと知奈さんは震えあがった。

おそれていたのだという。

もし、彼女がここに住むと決めたら、どうなってしまうのかと。

結婚できない理由

「もうすぐ息子が小学生なんです。うちの旦那に似てええ男ですから、今から変な虫がつかんように目ぇ光らせてます——過保護？　いいえ、これ真面目な話なんです。旦那は偶然が重なっただけやとか取り越し苦労なんていいますけど、わたしにとって、あの時の彼女のひと言は偶然でもなんでもなくて、呪いみたいに心にずっと残り続けているんです」

カオルは誰もがふり返るほどの美人だった。

妃奈《ひな》さんは中学の頃に彼女と同じクラスになり、出席番号が彼女の次だったことからなにかと一緒になることが多く、そこからよく話すようになった。

二人で遊びに行ったり、互いの家へ行ったりするような関係ではなかったが、学校にいる時はずっと一緒にいる程度には仲が良かった。

中学卒業後は、ほとんどの友だちと疎遠《そえん》になったが、彼女とだけは不思議と友人関係が続いていた。そして、二人の関係は成人後も続いていく。

二十五歳の時、妃奈さんは趣味を通じて知り合った男性と結婚した。

「ええなあ、妃奈は幸せで」

カオルはよく妃奈さんのことを羨《うらや》んだ。彼女はまだ彼氏もできたことがなく、「あたしは一生結婚できへんねん」が口癖だった。

「なにいってんの。カオルがその気になったら男なんてすぐだって。顔はわたしの百倍美人やもん。幸せになれないのは本気出してないだけ。なあ、そろそろ本気だしたら？」

そんなふうに発破《はっぱ》をかけてもまるで聞く耳を持たず、「妃奈はええなぁ」と人を羨むばかりで、しまいには「あたしはきっと孤独に死ぬんやな」とあきらめの言葉を吐く。

そんなカオルのことが本気で心配になった妃奈さんは、なんとか彼女に良い出会いを作れないかと考えた。だが、自分の周りの男性は所帯持ちばかりで紹介できる人がいなかった。

「ほな、おれがひと肌脱ごか」

夫が大学時代の後輩を紹介してくれることになった。スポーツ好きの真面目な好青年で、こちらもかなりの奥手《おくて》なので良いカップルになるのではないかという。

「ええやん、『カオルしあわせ計画』やね」

そんなふうに夫婦で盛り上がっていたところ、絶妙なタイミングでカオルから電話があった。折り入って相談したいことがあるという。

「あんな、あたしいまストーカーされてんねん」

「ええ？　そうなん？　知ってる人？」

「詳しいことはいわれへんのやけど――なあ、時間ある時でいいから、うちにきてくれへん？　頼れる人もおらんし、ああ、できれば旦那さんもお願いできへんかな？　ほんまこわくて、夜も寝られへんのよ」


数日後、夫と二人でカオルのマンションに行くと、彼女がかなり深刻な状況であることがわかった。

カーテンを二重に掛け、ドアポストをガムテープで固定し、ドアスコープも小さく切った広告で塞いでいる。部屋が薄暗いのは照明をいちばん暗く調光《ちょうこう》しているからだった。

カオルは声をころしながら、自分にストーカー行為を働いているのは同じマンションの住人なのだといった。

　カオルはすっかり疲弊しきっていて、会話中、突然思い出したように怯えた視線をさまよわせる。これでは男を紹介できるような状況ではない。

「ほんまたいへんやな。カオルちゃん、おれにできることあるか？」

　夫が助力を申し出るとカオルは感激し、それならば部屋から盗聴器を探しだしてほしいと頼んできた。ストーカーに仕掛けられたらしく、どこにいくつあるのかわからないのだという。

　今は専門の業者があると教えたが、知らない男を家に入れるのが怖いという。すると夫がコンセントプラグを分解するなどして調べたが、素人には盗聴器かそうでないかもわからない。結局、一緒に立ち会ってあげるからと専門の業者に依頼することにした。

だが、調査の結果、カオルの部屋に盗聴器はひとつもないことが判明した。

　後日、カオルから電話があった。勘違いについての謝罪かと思ったら、

「旦那さん、いい人やね。こんなあたしのためにあんな真剣に話きいてくれて。そんな男の人、今までまわりにおらへんかったわ。なぁ、今そこに旦那さんおる？　――直接

お礼いいたいんやけど、今おるんやったら旦那さんにかわってもらえへん？　おらんの？　そうなんや、ほな電話番号、教えてもらってもいい？」

盗聴器が存在しなかったと知って妃奈さんは、カオルは心を壊しており、すべては彼女の思い込みなのではないかと考えていたのだが、この電話で彼女に対する不信感が生まれた。

ストーカー被害の話は、夫の気を引きたいがための虚偽《きょぎ》だったのではないか。

思い当たるふしがないこともなかった。

三人で会う時、カオルが夫のことを必要以上に意識しているような気がしていたのだ。しぐさ、喋り方が、自分と二人でいる時とは明らかに違っていたからだ。

妃奈さんは適当な理由をつけて、夫の電話番号を彼女に教えなかった。

それからカオルと距離を置くようにした。彼女からの電話は無視せず出るが、自分からは一切かけなかった。次第にカオルも避けられていることを察したのか、電話をかけてこなくなった。

最後にカオルと話したのは、半年ぶりにかかってきた深夜の電話だった。

「気ぃ悪くさせて、ほんまごめん」

第一声は妃奈さんへの泣きながらの謝罪であった。

「あたしのこと、うっとおしいとおもってるやろ？　こんな時間にかけてごめんな。さみしかってん。ひとりで飲んでたらさみしくて耐えられへんかってん。なあ、もう迷惑かけへんから、あたしのこと許してくれへんかな」

その後は延々と自己憐憫《れんびん》の言葉が続いた。

妃奈さんに一切言葉を挟ませず、自分がいかに孤独な人生だったかを語るのである。

具合が悪くなってきた妃奈さんは、また日を改めて電話をかけてほしいと伝えたが、その言葉を遮ってカオルはこう続けた。

「そうなんよ。あたしが結婚できない理由がわかったんよ。今やなかってん。あたしの相手、旦那さん、まだこの世におらんへんかってん。明日なんよ、明日、生まれんねん」

――あんたからな。

そこで通話が切れたのか、自分で切ったのかは覚えていないという。

激しい陣痛が始まったからだ。

翌日の午後三時、妃奈さんは健康な男の子を出産した。

その数日後、同窓生のグループＬＩＮＥでカオルが死んだことを知った。

妃奈さんに電話をかけてきた日に、自殺をしたらしい。

忘れられないという。

カオルからの最後の電話を。

出産予定日も伝えていなかった彼女が、「明日」といった時の高揚した声を。

「旦那が無理やからって、生まれ変わってわたしの息子と一緒になるつもりなんかなって、そう考えたら怖くて——これは二十年先の不安の話なんです」

【参考資料】

『横濱の傳説と口碑』横濱郷土史研究會編（昭和五年）
「峡の里の話」栗山一夫／『旅と伝説』三月号（昭和六年）
「東京府淺川町附近の話」清水保貴／『旅と伝説』九月号（昭和八年）
『大和の傳説』高田十郎編（昭和八年）
『川内地方を中心とせる郷土史と傳説』鹿児島県立川内中学校編（昭和十一年）
「祖母の話（三）」高柳正文／『高志路』第七号（昭和二十三年）
「モンゴル幽霊譚」児玉信久／『日本歴史』七月号（昭和二十八年）
『西郊民俗』西郊民俗談話会第二十五号　西郊民俗談話会編（昭和三十八年）
『港北百話＝古老の話から＝』「古老を囲んで港北を語る」編集委員会編（昭和五十一年）
「沖縄における霊魂観資料」崎原恒新／『南島研究』19号（昭和五十三年）
「のすたる島みゃーく」ウルカ・友／『みやこ時評』七月号（昭和六十二年）
『民俗採訪』平成二年度版　国学院大学民俗学研究会編（平成二年）
『知覧町の民俗』下野敏見編（平成三年）

あとがき　残す意味

新シリーズです。より、自分らしい本になりました。

本書に入れた話の何話かは、各地の調査資料や民俗誌、郷土史、伝説集、地域雑誌などに掲載されながらも、埋もれてしまっている怪異譚を発掘したものです。ただ見つけたものをそのまま読んでいただくのではなく、民俗調査で採集された情報を娯楽としての「怪談」という形で残すことを意識し、掲載史料の構成上、省かざるを得なかった前後の情報なども調べの及ぶ範囲で取り込んで再構成する、という形のリライトを目指したつもりです。

「探す」活動は現在ですと「妖怪」というジャンルでよくおこなわれています。記録には残されながらも、ひとびとの記憶から忘れ去られようとしているモノコトを再発掘して認知を広める活動は、ここ数年で一層盛んになっているという印象です。そういった情報がまとめて書籍化され、ネット記事で公開され、現代の人々に広く共有されていくのは大変喜ばしいことです。

「実話怪談」の本で紹介するのにふさわしい怪談を探すのは楽しくも大変な作業でした。膨大な記録から「これ」というものを見つけるのは一筋縄ではいきません。

民俗誌・郷土史は、怪談とは関係のない頁がほとんどです。そういう記事があるとすれば「怪異」「伝説」「世間話」などの項目に二つ三つあれば大当たり。もちろん一冊からじゃんじゃん見つかることもありますが、ひとつも見つからないことも珍しくありません。それを目的としている本ではないのだから当然なのですが――。

それに載っていても、とうてい実話とも思えない突拍子もない内容と信じがたいスケールの怪談もあります。ただ、そういう話でも、話者の目撃談、親や知人の実体験といった、現実と地続きの事象《じしょう》、つまり「本当にあったこと」「実話」として関係者の名前や住所まで記録されている話もあるので侮《あなど》ってはいけません。

また、「報告」のみを重視した記事は、個々の話の情報量が極端に少ない場合もあります。読む人によっては物足りなさを感じるかもしれないと考えて、今回はかなりの数の話を見送りましたが、怪談として私が魅かれた話は極力入れるようにいたしました。

民俗誌の他に地域発行の雑誌などからも探しました。このような資料は「夏の特集」

として怪談の特集を組んでいることもあり、その地域ならではの怪談が見つかる良い資料なのですが、これがなかなか手に入りません。ネット古書店で見つからなければ図書館で閲覧《えつらん》するか、現地の古書店でバックナンバーを探さなければ読めないものもあるので貴重です。

現代で採集された話と先人の記録《のこ》した譚《はなし》。読み比べても面白いかもしれません。

怪談は喪われたものと失われたものの記録。

わたしたちにとって大切な宝のひとつです。

二〇二二年　父の遺影のそばで　黒史郎

実話怪談　黒異譚

2022年6月6日　初版第1刷発行

著者……………………………………………………………………………… 黒 史郎
デザイン・DTP ……………………………………………… 荻窪裕司(design clopper)
企画・編集 ……………………………………………………………………… Studio DARA

発行人…………………………………………………………………………… 後藤明信
発行所……………………………………………………………………… 株式会社 竹書房
〒102-0075　東京都千代田区三番町８－１　三番町東急ビル６F
email：info@takeshobo.co.jp
http：//www.takeshobo.co.jp
印刷所………………………………………………………………… 中央精版印刷株式会社